EL ARTE
DE LA COMUNICACION
EFICAZ Y PERSUASIVA

Richard Storey

EL ARTE DE LA COMUNICACIÓN EFICAZ Y PERSUASIVA

dve
PUBLISHING

© Editorial De Vecchi, S. A. 2018
© [2018 Confidential Concepts International Ltd., Ireland
Subsidiary company of Confidential Concepts Inc, USA
ISBN: 978-1-68325-797-4

ÍNDICE

INTRODUCCIÓN

Si un hombre empieza con certezas, terminará con dudas;
pero si se conforma con empezar con dudas,
terminará con certezas.

FRANCIS BACON

Los intentos de cambiar las opiniones de los demás son tan antiguos como la humanidad. A lo largo de los años, el fenómeno de la persuasión ha ido cobrando importancia. Uno de los primeros libros sobre el tema, publicado en 1922, se tituló *Self-mastery through Conscious Autosuggestion* («Cómo recuperar la confianza en sí mismo con la autosugestión»), de Emile Coué. Otro de tema similar fue *Suggestion and Autosuggestion* («Sugestión y autosugestión») de Charles Baudouin. De hecho, uno de los libros más vendidos del mundo (más de seis millones de ejemplares) es *How to Win Friends and Influence People* («Cómo hacer amigos e influir en los demás»), escrito por Dale Carnegie en 1938.

Por tanto, la persuasión no es un tema nuevo. No obstante, la mayoría de la gente no considera que sea una parte importante de su trabajo. Se cree que son habilidades que se enseñan a los vendedores y que no tienen nada que ver con su vida privada. Suele pensarse que la comunicación tiene una finalidad eminentemente informativa y no persuasiva. Nada más lejos de la verdad: todos nosotros intentamos cada día cambiar las opiniones de los demás. La información comunicativa siempre parte del propósito de que el receptor acepte y crea lo que el emisor dice. Un médico amigo mío admite sin ambages que dice sólo lo que la gente desea escuchar. Por ejemplo: explica a los pacientes que se ha comprobado que fumar es nocivo para su salud, pero no les dice que su padre, de ochenta años, fuma desde siempre cuarenta cigarrillos diarios. Y es que pocas veces se dan detalles si no es para reforzar nuestra persuasión, lo que equivale a omitir algunos hechos. Por todo ello, una posible definición del fenómeno podría ser la siguiente:

> ### Influencia
> *Proporcionar la información adecuada a otra persona para producir un cambio.*

Los cambios efectuados pueden afectar a las creencias, la actitud, el pensamiento, los sentimientos o la conducta de otra persona. Queramos admitirlo o no, estamos inmersos en el proceso de persuasión. Sin embargo, es preciso aclarar que persuadir no es manipular. Las técnicas encubiertas del mundo de la publicidad, los lavados de cerebro militares o la propaganda política han contribuido a desacreditar las técnicas de persuasión. Y, sin embargo, es evidente que se recurre a las técnicas de persuasión con propósitos manipuladores. Un boxeador sabe cómo lograr el éxito en el ring mediante unas técnicas concretas, pero si las emplea fuera, lo más probable es que sea multado o acabe en prisión.

Todo depende de uno mismo: es preciso saber la causa y la finalidad de las técnicas de persuasión. Si deseamos influir en los demás de manera recta y responsable y buscamos el provecho común, entonces no importa si la llamamos *influencia, convencimiento* o *persuasión*. Podemos estar tranquilos.

Este libro ha sido concebido como un método o un manual para desarrollar las dotes de persuasión y no un estudio académico sobre el fenómeno en sí. Existen diversas soluciones para resolver problemas e inquietudes, pero no existe un método infalible. Cada cual debe examinar sus propias inquietudes específicas y desarrollarlas con las habilidades, las estrategias y las técnicas explicadas.

Cada vez más, el éxito en nuestra vida se mide a través de la habilidad para influir en los demás. Hoy en día todos tenemos que conocer ciertas técnicas persuasivas. Una buena oportunidad surge siempre de forma inesperada. Las nuevas políticas de empleo y el aumento de trabajadores autónomos nos obligan a desarrollar nuestras dotes para abrirnos paso. Recientemente, la Asociación Americana de Dirección realizó una encuesta a 2.800 ejecutivos. Preguntaron cuál es el requisito principal para obtener el éxito laboral. Esta fue la respuesta:

> *Persuadir a los demás del valor de la propia persona y de las propias ideas garantiza el éxito de una negociación.*

¿Con qué frecuencia sentimos la necesidad de influir en los demás? ¿Una vez al mes? ¿Dos veces a la semana? Lo más probable es que, como la mayoría de la gente, necesitemos hacerlo en diversas ocasiones al día. Influenciar a otras personas es bastante sencillo si usted está en una posición de autoridad o tiene poder sobre otros, pero, ¿qué sucede si no posee ninguna autoridad o carece del poder para controlar los pensamientos o las acciones de otros? Los vendedores son muy habilidosos en estos casos. Puede ser que usted no haya tenido una formación en técnicas de venta ni tampoco sea un vendedor modelo, pero seguro que conoce a una persona que tampoco lo es pero que tiene una gran facilidad de comunicación.

Muchas personas son influyentes de manera casi instintiva. Otras, en cambio, simplemente tienen suerte. Sin una formación adecuada o sin ser especialmente persuasiva, una persona puede sentirse frustrada. Se siente ignorada, se desanima y pierde buenas oportunidades. El resultado es que se da por vencida o permanece ignorada por su jefe, colegas, amigos o compañeros.

No hay que desesperarse. Los secretos de la persuasión pueden aprenderse y emplearse con éxito fácilmente, incluso si se está en una posición subordinada. En poco tiempo todos los problemas desaparecerán.

Este libro está dirigido a todos aquellos que desean destacar en un medio competitivo, promocionarse, convencer al jefe, a su familia, a sus amigos y ganar clientes. En el trabajo o en sociedad usted recuperará su confianza y aumentarán las oportunidades de prosperar. Lo más importante es que, quizá por primera vez en su vida, se dará cuenta de que la influencia no está necesariamente ligada a la autoridad. Con una actitud activa y entusiasta también usted puede tomar las riendas de su vida.

A lo largo de estas páginas, aprenderá a influir en una persona o en un grupo reducido (de cuatro personas como máximo) y a llegar, paso a paso, a conseguir el mayor éxito posible.

Seguramente, usted conocerá alguno de los métodos y las técnicas que aquí se enseñan. Estoy seguro de que encontrará muchos consejos e indicaciones nuevos o ya olvidados. Basta con conocerlos y aplicarlos a su debido tiempo para influir en los demás con mayor eficacia y más fácilmente.

¿QUÉ BUSCA EN ESTE LIBRO?

Como ya hemos visto, el termino *influencia* posee un significado distinto para cada persona. Muchas veces suele depender de la persona y del método que se está empleando. El diccionario define el arte de la influencia como «poder, valimiento, autoridad de una persona para con otra u otras o para intervenir en un negocio», lo cual abarca el arte de persuadir, convencer, negociar e incluso de vender. La palabra clave es *autoridad*. Cada cual debe averiguar de qué manera intenta influir en los demás. Probablemente esto dependerá del lugar (en casa, o en el trabajo), del momento (espontáneamente o con mucha antelación y planificación previa) y del modo (cara a cara, por teléfono, en una reunión, en una exposición, por escrito).

¿Cuál de estas áreas de influencia le interesa particularmente y cuáles son sus objetivos típicos? Pregúntese usted mismo cuál de estos se adapta a su estilo personal:

- ayudar a los demás a solucionar sus problemas;

- influir en una decisión;

- persuadir a otras personas para que hagan aquello que usted desea;

- convencer a la gente del interés de sus sugerencias;

- vender sus ideas y sus propuestas a otras personas;

- cambiar la opinión del interlocutor o hacer que llegue a una conclusión prefijada;

- comprometerse a un cambio;

- conseguir que alguien decida;

- hacer planteamientos convincentes;

- dirigir un proyecto;

- influir en grupos de gran responsabilidad;

- convencer a clientes;

- influir en un resultado;

- mejorar la imagen;

✔ ganar aceptación;

✔ negociar con éxito;

✔ conseguir el cumplimiento de los compromisos;

✔ vender algo;

✔ intercambiar puntos de vista;

✔ modificar actitudes;

✔ dirigir actuaciones;

✔ cambiar opiniones;

✔ cambiar de objetivos;

✔ mejorar el rendimiento;

✔ dirigir un proceso;

✔ dirigir una relación;

✔ mejorar la influencia social;

✔ conseguir una cita con posibles clientes;

✔ hacer que ideas nuevas sean aceptadas por gente con experiencia;

✔ influir en grupos o reuniones;

✔ escribir propuestas convincentes;

✔ conciliar diferentes puntos de vista;

✔ influir a otros por teléfono.

CONOCERSE A UNO MISMO

Si tuviera que definirse como una persona influyente, ¿qué palabras utilizaría? Sea honesto, pues la autovaloración es el primer paso hacia el perfeccionamiento personal (o sea valiente y pida a alguien conocido que responda por usted).

- ¿Cuáles son sus virtudes?

- ¿Cuales son sus puntos débiles?

- ¿Qué le gustaría oír de sus habilidades de persuasión?

- ¿Qué tipo de persona influyente desea ser?

Muestre este autoanálisis a un amigo o a una persona que conozca su estilo y su manera de ser. ¿Le ve de la misma manera?

Cuando intente persuadir a alguien, desarrolle al máximo sus capacidades.

Comencemos a preparar un plan para reducir o eliminar sus puntos débiles.

¿Qué habilidades necesita desarrollar?

A continuación presentamos los objetivos principales de toda persuasión. Utilice los siguientes apartados para evaluar cuál es su nivel de confianza para conseguir sus objetivos.

PUNTUACIÓN

5	Confianza completa.
4	Mucha confianza.
3	Confianza.
2	Poca confianza.
1	Ninguna confianza.

En virtud de la puntuación anterior, imagine una situación en la que usted debe convencer a alguien y responda a las siguientes cuestiones:

☐ Quiero aclarar mis objetivos (Capítulo 1).

☐ Quiero descubrir qué valores y qué opiniones tiene la otra persona (Capítulo 2).

☐ Deseo conocer las necesidades de los demás (Capítulo 3).

☐ Quiero mostrar cómo mis ideas pueden ser útiles (Capítulo 4).

☐ Quiero ser capaz de compenetrarme con otras personas (Capítulo 5).

☐ Quiero comprender mejor la comunicación no verbal (Capítulo 6).

☐ Quiero ser capaz de tratar con personas diferentes (Capítulo 7).

☐ Quiero utilizar diversos estilos de persuasión (Capítulo 8).

☐ Quiero vencer cualquier objeción a mis propuestas (Capítulo 9).

☐ Quiero estar seguro de que se toman decisiones a mi favor (Capítulo 10).

☐ Quiero aumentar mi influencia en las reuniones (Capítulo 11).

☐ Quiero convencer a la gente por teléfono (Capítulo 12).

☐ Quiero mejorar mi habilidad para influir en informes, propuestas y cartas (Capítulo 13).

Una vez haya calculado su puntuación, cotéjela con la tabla siguiente:

13	Ninguna confianza.
26	Poca confianza.
39	Confianza.
52	Mucha confianza.
65	Confianza completa.

Fíjese bien ahora en las cuestiones a las que ha dado un punto o dos.

Si no desea leer este libro por completo, puede comenzar por aquellos capítulos en los que se tratan los temas más difíciles o más interesantes para usted o que necesita cambiar con la mayor brevedad posible.

Finalidad de los ejercicios

Cada capítulo contiene uno o más ejercicios. En el caso de haber un aspecto concreto que le interese, lea los ejercicios desde el principio y seleccione uno o más para seguirlos. Complete los ejercicios (o adáptelos según convenga) y observe los resultados que ha obtenido. Utilícelos para ayudarle a desarrollar sus virtudes y eliminar sus puntos débiles.

Cómo desarrollar un ejercicio personal

Tal vez considere conveniente crear sus propios ejercicios. En los cursos de técnicas de persuasión que he dirigido, he animado a los participantes a pensar en una situación real a la que tal vez deban hacer frente. A medida que el curso avanza, los participantes organizan sus nuevos conocimientos pensando en situaciones futuras.

Los resultados de enfocar de esta forma las clases han sido muy positivos y gratificantes. Muchos alumnos han telefoneado, escrito o enviado faxes para explicarme sus éxitos. Para algunos, este método puede tener una utilidad más directa que trabajar siempre con los ejercicios de cada capítulo.

Cómo escoger el camino adecuado

Existen muchas aproximaciones al tema de la persuasión. Algunas de ellas se explican brevemente en el capítulo 8. Experimente con un método que no le sea familiar. Observe dónde y cómo funciona y modifíquelo para adaptarlo a su propio estilo. En el apéndice final encontrará tres modelos en los que encontrará las clásicas y ya bien conocidas vías de influencia. Ellas le ofrecen opciones adicionales y puede mezclarlas a medida que las utilice para manejar las diferentes situaciones en las que usted mismo se encontrará.

El valor de las técnicas de simulación

Puede simular con un amigo o compañero una situación concreta. Muchas personas detestan la idea de simular una situación. Todos hemos asistido a cursos en los que hemos tenido que representar algo delante de un público muy crítico. Sin embargo, lo que estoy sugiriendo es totalmente distinto. Si usted puede encontrar a alguien que conozca y entienda lo que desea comprobar, pueden reunirse durante un tiempo y analizar el método empleado. Explíquele a la persona con la cual va a representar una situación las objeciones que espera recibir, dándole usted mismo la oportunidad de poner a prueba algunas respuestas. Observe qué funciona o qué es lo que tiene menos éxito. No pierda de vista su comportamiento y el de su amigo a lo largo del ejercicio. Utilice la información obtenida para ajustar el método que desea adoptar.

Estos ejercicios son especialmente útiles a la hora de influir en un grupo. Anime a sus amigos o colegas a que le hagan preguntas o a que desafíen sus conclusiones y recomendaciones. Puedo garantizarle que, después de desarrollar y representar una simulación bien llevada, debería tener la impresión de haberla vivido antes y sentir esa confianza tan especial que se desprende de la experiencia.

PARA CONCLUIR

Las técnicas de comunicación presentadas en este libro le ayudarán a pensar sobre cómo acercarse a los demás y cómo actuar con mayor precisión y éxito. Si lleva a cabo las secuencias sugeridas y desarrolla una mayor flexibilidad en su método, muchos problemas de comunicación desaparecerán, conseguirá un mayor número de objetivos, se comunicará mejor con más personas y, por encima de todo, se le considerará como una persona persuasiva y de éxito.

CAPÍTULO 1

ESTABLECER LOS OBJETIVOS PERSONALES

> *Todos los hombres sueñan, pero no de la misma manera. Aquellos que sueñan por la noche en el polvoriento descanso de sus mentes se dan cuenta de día que era vanidad; pero los que sueñan de día son hombres peligrosos, ya que pueden representar sus sueños con los ojos abiertos para hacerlos realidad.*
>
> T. E. LAWRENCE

Este capítulo analiza la necesidad de organizarse para persuadir a los demás, el valor de establecer objetivos bien delimitados y los beneficios que se pueden obtener con la práctica de las técnicas de simulación.

Para mucha gente la creación de objetivos se ha convertido en un cliché. Todos hemos leído acerca de la necesidad de definirlos, hemos acudido a las sesiones de formación y hemos asistido a cursos. Sin embargo, el proceso de planificación puede ser confuso y tedioso en algunas ocasiones. Requiere buenas dosis de discipli-na. Establecer objetivos se parece bastante a programar el tiempo libre: por mucho que las expectativas sean halagüeñas, lo cierto es que pocas veces hay algún cambio. Establecer un objetivo no asegura el resultado, sino que es preciso trabajar con constancia, esfuerzo, compromiso y autodisciplina. Así, pues, ¿por qué iniciamos el libro con un capítulo entero dedicado a este tema?

En los años cincuenta, la Universidad de Yale llevó a cabo un estudio detallado sobre las causas por las que algunos estudiantes llegaron a tener más éxito que otros después de graduarse. El estudio incluía el sexo, la raza, la estatura e incluso el color del cabello de los estudiantes. También tuvo en cuenta la programación de objetivos antes y después de la licenciatura. Se preguntó a los estudiantes cuáles eran sus objetivos personales y laborales para el futuro y cómo conseguirían establecerlos. Sólo el 3 % del grupo de muestra tuvo algo que decir al respecto, y dio una imagen global, tanto por lo que respectaba a su vida personal como a sus perspectivas laborales. Veinte años más tarde, cuando se llevó a cabo un estudio de seguimiento, el 3 % que había identificado y puesto por escrito sus objetivos los había conseguido y sus ingresos y ganancias superaban con creces a los del 97 % restante.

LA IMPORTANCIA DE DEFINIR OBJETIVOS

Visto lo anterior, puede afirmarse con seguridad que el establecimiento de un objetivo a corto, medio o largo plazo es uno de los métodos más eficaces para conseguir mejorar tanto personal como profesionalmente. Ayuda a ver con mayor claridad las aptitudes y las necesidades que deben atenderse en primer lugar. Después de reflexionar sobre el lugar hasta donde usted quiere llegar y de

examinar cómo pueden hacerse compatibles sus objetivos con los de aquellas personas en las que usted desea influir, descubrirá que la mayoría de los pasos siguientes vendrán prácticamente solos.

Establecer objetivos claramente definidos y ponerlos por escrito es un método que funciona, ya que permite delinear un plan de trabajo que le guiará en la realización de su proyecto y le infundirá cierta seguridad y confianza.

Por todo ello, no crea que la programación está pasada de moda, que merma la espontaneidad y la creatividad o que exige una disciplina sobrehumana. Siéntese, reflexione, escriba sus deseos e intereses e intente organizarlos siguiendo un esquema que vaya de lo más sencillo e inmediato a lo más complejo. Verá cómo todo adquiere un nuevo cariz.

LOS OBJETIVOS INCONSCIENTES

A pesar de que suene un tanto paradójico, lo cierto es que puede darse el caso de que una persona planifique sus objetivos de manera inconsciente. Es más, es mucho más común de lo que parece. Si se detiene a pensarlo, se dará cuenta de que a través de los días, semanas y años, usted se está moviendo constantemente hacia la consecución de un objetivo. Tome un hecho sencillo, como, por ejemplo, levantarse por la mañana para ir a trabajar. Hay cosas que usted hace de forma automática. Se lava los dientes, se ducha, se viste, desayuna y sale de casa. Puede haber otras cosas que usted puede hacer: volver a pintar la puerta de casa, leer una novela, limpiar el baño, telefonear a su tía en Australia, etc. Pero no lo hace. Estas tareas pueden estar en su «lista de cosas por hacer», pero las deja a un lado porque usted, inconscientemente, sabe que le impedirían ir a trabajar. Constantemente tiene objetivos, incluso cuando se relaja. Sin objetivos conscientes su vida iría sin rumbo y conseguiría muy poco.

Además, cada objetivo, como el de ir a trabajar, puede estar relacionado o incluso albergar otros menores. Por ejemplo, cuando se viste seguramente desea tener un aspecto elegante, y por lo tanto comprueba, casi sin darse cuenta, que su ropa esté limpia. La razón de este interés estriba en que usted sabe perfectamente lo que desea y por ello se abandona a todos esos actos secundarios de manera inconsciente. Los estudios psicológicos más recientes han llegado a la conclusión de que la mente consciente puede manejar nueve fragmentos de información al mismo tiempo. Cuando nos levantamos de la cama, ya estamos pensando en nuestra rutina del baño, corriendo mentalmente hacia nuestro primer encuentro al mismo tiempo que escuchamos la radio y nos asomamos a la ventana para ver qué día hace. Y aun durante estos complejos procesos del pensamiento, nuestros cuerpos realizan movimientos micromusculares y grandes proezas sin que se los hayamos pedido de forma consciente. Si tenemos que pensar en mil cosas a la vez, nuestras mentes conscientes no podrán controlarlas. Por lo tanto seleccionamos aquellas cuestiones que realmente merecen que les dediquemos nuestra atención. Separamos lo que debemos hacer de lo que estamos haciendo. Nuestro criterio sobre cuáles son las acciones o los pensamientos útiles se genera conociendo nuestras aspiraciones. Nuestros cerebros son programados y alcanzamos nuestros objetivos inconscientes sin demasiadas reflexiones o esfuerzos.

Existen dos tipos de situaciones en las que ser influyentes. El primero es cuando usted tiene una cierta idea sobre lo que sucederá y el papel que usted debe desempeñar para influir en el resultado. En este caso se trataría de un objetivo consciente. El segundo tiene lugar cuando usted desconoce por completo que debe tomar parte en una decisión, por lo cual el objetivo será inconsciente. Esta noticia, extraída de un artículo del *Times*, muestra claramente cómo, sin ningún previo aviso, la necesidad de influir puede ser imperiosa.

Un par de años atrás me llamó la atención un titular. Decía: «Una pensionista convence a unos ladrones para que le devuelvan el dinero». Lleno de curiosidad, comencé a leer el artículo. Según el periodista, una anciana de ochenta años estaba una tarde sentada sola en casa cuando tres hombres enmascarados irrumpieron en su casa. Naturalmente estaba aterrorizada. Un ladrón la ató a la silla mientras que los otros saquearon la casa hallando algo de dinero y algunos objetos de plata. No tenía demasiadas alternativas, pero eligió la más arriesgada: intentar convencerlos. Explicó a los hombres que sabía por qué lo hacían: eran pobres, como ella, y no tenían dinero ni nada que esperar en la vida. Ella continuó: «Tengo tanto frío en invierno que tengo que sentarme con una botella de agua caliente en mis rodillas ya que no puedo pagarme la calefacción».

Al final, ella mostró tanta empatía (y simpatía) que uno de los ladrones dijo: «Tenga, coja sus cosas» y le alargó el dinero y sus pertenencias. La dejaron atada sin llevarse ni un penique.

Después del suceso, comentaba al periodista: «La policía me contó que nunca habían oído nada semejante».

La vida está plagada de incidentes y de momentos en que usted necesitará imponerse a las personas y a las circunstancias. En algunos casos puede haber un peligro evidente, como en la historia que acabo de contar, y en otros ser todo más sencillo. Incluso en estos casos, sin previo aviso, todos debemos confiar en nuestros instintos y actuar espontáneamente. Después de un tiempo, comprobaremos cómo nos hemos ido adaptando de manera inconsciente a las diferentes situaciones y veremos cómo reaccionamos favorablemente sin ninguna dificultad. Nuestro subconsciente registrará los sucesos anteriores y nos orientará hacia un resultado predecible. Cuando eso suceda, nos ganaremos una sólida reputación gracias a nuestro carácter firme y decidido y a nuestra seguridad e inteligencia. Tenga en cuenta que incluso si le cogen desprevenido, su cerebro tomará el control y le conducirá hacia una solución satisfactoria. Sin embargo, hay que tener cuidado, ya que es aquí donde realmente empieza el problema, pues corre el peligro de convertirse en una persona satisfecha de sí misma o demasiado confiada. Influir a los demás puede convertirse en una cuestión de procedimiento o en un hábito.

CONOCER LO QUE NOS INFLUYE

Cuando usted sea plenamente consciente de cómo funciona el proceso de persuasión, será capaz de servirse de todas las técnicas que tenga a su alcance para lograr un resultado más seguro y predecible.

Una forma muy útil de empezar a aprender a establecer objetivos concretos para desarrollar su personalidad y afianzarla consiste en analizar todo aquello que le influya.

Piense en alguna ocasión en la cual usted estaba influenciado por otra persona. Recuerde cómo se estableció esa influencia. ¿Qué es lo que dijo o hizo aquella persona para conseguir convencerlo? ¿Cuáles era las palabras y las frases claves? ¿Dónde tuvo lugar la conversación? ¿Cómo se desarrolló? ¿Cuál era su estado de ánimo o su humor? Si usted utilizase el mismo método con otras personas, ¿estaría seguro de su efectividad? Lo más probable es que usted tenga que hacer algunas modificaciones para adaptar ese método a su carácter. A la hora de hacerlo, debe tener en cuenta las siguientes circunstancias:

✔ su estado de ánimo;

✔ el humor de la otra persona;

✔ su edad;

✔ su sexo;

✔ su nivel cultural;

✔ sus relaciones con usted;

✔ su comprensión o experiencia del tema;

✔ la hora, el día o la época del año;

✔ el lugar de encuentro;

✔ sus aptitudes o deseos de escuchar;

✔ sus habilidades interpretativas;

✔ su disposición a ser influenciado por usted;

✔ la forma preferida de tomar decisiones.

Antes de establecer sus objetivos, hágase usted mismo cuatro preguntas acerca de su próxima reunión. Esta lista, aunque no exhaustiva, le ayudará a diseñar la suya propia. Utilícela como plantilla. Al cabo de un tiempo, empezará a contestar a la mayoría de las cuestiones de forma instintiva, pero hasta que no posea una cierta experiencia, utilice su lista como si se tratara de un vademécum.

ASPECTOS QUE DEBEN TENERSE EN CUENTA

■ Identidades de la persona, participantes de reuniones, grupo o público susceptibles de ser influenciados.

....
....
....

■ Objetivos que deseamos cumplir y resultados de nuestra actividad persuasora.

....
....
....

■ Objetivos que desea conseguir el interlocutor en el encuentro.

....
....
....

■ Eventuales diferencias entre nuestros objetivos y los de nuestro interlocutor.

....
....
....

■ Análisis de la otra persona o personas implicadas:

a) conocimiento del tema:

☐ elevado   ☐ general   ☐ limitado
☐ ninguno   ☐ no se sabe

b) sus posibles opiniones acerca de usted, sus motivos, el tema y su organización:

☐ muy favorable   ☐ favorable   ☐ indiferente
☐ ligeramente hostil   ☐ muy hostil   ☐ no se sabe

c) sus razones o motivos para prestar atención:

....
....
....

d) posibles ventajas y desventajas de nuestros objetivos para ellos, tanto desde un punto de vista individual como colectivo:

ventajas: ....

desventajas: ....

e) análisis general (aspectos relacionados):

— relaciones laborales del interlocutor con nosotros, con nuestro departamento o con nuestra organización:

☐ cliente   ☐ nuevo cliente   ☐ alto cargo
☐ cuadro intermedio   ☐ colaborador   ☐ gerente
☐ colega   ☐ público   ☐ agente externo

— familiaridad del interlocutor con las actividades económicas de nuestra empresa:

☐ muy familiar   ☐ bastante familiar   ☐ poco familiar

— nivel de comprensión de nuestro vocabulario técnico:

☐ profesional   ☐ medio   ☐ general
☐ escaso   ☐ nulo

— capacidad e interés por aceptar nuevas ideas:

☐ completa   ☐ notable   ☐ media
☐ escasa   ☐ nula   ☐ desconocida

— tipo de información que puede despertar interés en el interlocutor:

☐ información técnica   ☐ comparaciones   ☐ metáforas
                               estadísticas
☐ fotografías   ☐ análisis de costes   ☐ aclaraciones
☐ demostraciones   ☐ conferencia   ☐ diálogo
☐ ejemplos   ☐ desconocida

— informaciones o técnicas que pueden provocar respuestas y actitudes negativas:

....
....
....

■ Síntesis de la información más importante obtenida de las secciones anteriores.

....
....
....

CÓMO PRECISAR OBJETIVOS CONSCIENTES

Antes de preparar su plan de actuación, piense claramente en los objetivos que desea conseguir. ¿Cuál es el resultado que debe tener la entrevista concertada con la persona a la que debe convencer? Aquí tiene algunas preguntas que quizás usted quiera hacerse incluso antes de empezar a formular su lista de objetivos. Para ello, puede utilizar la siguiente lista y asegurarse de que tiene las respuestas a las cuestiones siguientes:

• ¿Por qué quiero influenciar a esta persona?

• ¿Qué ganaré cuando haya conseguido hacerlo?

• ¿Cuáles son sus objetivos?

• ¿Qué obtendrá él, o ella, de mis ideas y propuestas?

• ¿Existe alguna consideración ética o moral que deba tener en cuenta

• ¿La influencia lograda reportará beneficios mutuos?

• Cuando haya triunfado, ¿permanecerá mi integridad intacta?

• ¿El resultado puede repercutir negativamente en alguien?

• ¿Alterará mi éxito de alguna manera la posibilidad de persuadir a esa persona?

Implicaciones éticas

Por supuesto, no existe ninguna razón práctica que impida que consideraciones de tipo ético, moral o de integridad personal puedan entrar en una discusión. Es usted quien decide. Antes de empezar, hágase dos preguntas: ¿volverá a influenciar a esta persona?, y ¿hasta qué punto le preocupa mantener una buena relación con ella? Los profesionales que viven de los negocios o de las ventas se hacen estas preguntas continuamente. Supongamos que dos personas muy persuasivas se ponen en contacto con usted. La primera quiere venderle su casa. Probablemente no necesitará venderle su casa nunca más, de manera que si quisiera podría utilizar la presión, la exageración o incluso mentiría para alcanzar su objetivo. La segunda persona influyente es un asesor financiero profesional que se dedica a trabajar con seguros de vida y planes de pensiones. Necesita mantener la confianza de sus clientes y desarrollar una relación de negocios continua.

En su caso, sería contraproducente hacer una publicidad excesiva o afirmaciones falsas sobre su producto.

CÓMO ESTABLECER OBJETIVOS

La pensionista de ochenta años que convenció a los ladrones para que le devolvieran su dinero no tuvo tiempo de establecer ningún objetivo y menos aún de escribirlo. Se dio cuenta inmediatamente de que sus pertenencias y probablemente su vida estaban amenazadas y, de esta forma, prosiguió de manera espontánea con su plan. Sin embargo, no todas las situaciones son tan comprometidas.

Suponga que está a punto de tener una entrevista importante con un amigo o colega en la que se le pedirá que exponga su caso y convenza a los demás oyentes. Dispone de tiempo para preparar su estrategia, para considerar cómo abordará las objeciones a su propuesta, etc. Por otra parte, también dispone de tiempo para establecer sus objetivos personales.

Al principio de este capítulo hemos reconocido que, con frecuencia, hablamos sobre la importancia que tiene establecer clara y detalladamente los objetivos. Los expresamos, pero rara vez decimos nada más que:

• Deseo realmente convencerle.

• Sé que tengo razón y voy a intentar que le entusiasme la idea.

• No quiero que esto continúe por más tiempo y haré todo lo posible para convencerles de que no vuelvan a hacerlo.

• Espero convencerles de que están tomando una decisión equivocada.

Esto no son objetivos en un sentido estricto, sino más bien listas de esperanzas, aspiraciones y deseos. A pesar de que la diferencia es mínima, existe un matiz que debe tenerse en cuenta. No hay nada malo en tener una idea aproximada de lo que usted desea obtener. Ni tampoco en proponerse conseguir algo concreto, alcanzable y duradero. Pero existe todo un mundo de diferencias entre los dos métodos.

Deténgase por un momento y analice los cuatro «objetivos» de la lista anterior.

• *Deseo realmente convencerle.*

Hay señales claras de determinación, lo cual no significa necesariamente, sin embargo, que haya encontrado los objetivos y las razones para convencer a su interlocutor.

- *Sé que tengo razón y voy a intentar que le entusiasme la idea.*

La inclusión del verbo *intentar* admite la posibilidad de fracaso.

- *No quiero que esto continúe por más tiempo y haré todo lo posible para convencerles de que no vuelvan a hacerlo.*

Es un objetivo negativo, ya que está intentando convencer a sus interlocutores de que no hagan algo.

- *Espero convencerles de que están tomando una decisión equivocada.*

La aspiración *espero* es bastante parecida a *intentar*, y sugiere la posibilidad de un éxito parcial o incluso de un rotundo fracaso.

Las cinco fases para definir un objetivo

Fijar objetivos es la esencia del éxito profesional. Desafortunadamente, no es una simple cuestión de declararse a usted mismo: «Voy a conseguir esto y lo otro». Ciertamente, es una buena manera de comenzar, pero nada más. Para que su sueño se convierta en realidad deben tenerse en cuenta otros muchos factores. La próxima vez que usted se fije un objetivo o se cree una meta, siga este método de cinco pasos y mientras lo hace, observe dos cosas: la primera, la manera como este método sistemático le obliga a examinar sus objetivos y, la segunda, cómo a partir de ese momento comienza a conseguir todas las metas que se propone.

Primera fase: pensar de manera positiva

Asegúrese de que su objetivo ha sido formulado de manera afirmativa. Debe pensar en todo aquello que desea y en todo lo que le desagrada.

Por ejemplo: la afirmación «no quiero que esto continúe por más tiempo» suscita la pregunta «¿qué prefiere usted que suceda?» y la respuesta «quiero que en el futuro las cosas vayan bien». La afirmación inicial «no quiero que esto continúe por más tiempo» no le ofrece ninguna meta específica.

Segunda fase: tomar el mando

Piense en todo lo que debe poner en práctica para conseguir su objetivo. Conviene que se asegure de que usted posee la capacidad necesaria para ello, pues no vale la pena delegar en los demás el esfuerzo que debe realizar. Ante la pregunta «¿qué debo hacer para alcanzar mi objetivo?» o «¿cuál es la función que debo desempeñar?», la respuesta puede ser «debo asegurarme de que soy yo quien establezca el orden del día para la reunión» y no «aceptaré el orden del día y esperaré a que haya un momento en que pueda explicar mi punto de vista», lo cual le dejaría fuera de todas las decisiones que deben tomarse.

Tercera fase: presentar claramente la manera de lograr el objetivo

Exprese su objetivo de manera razonable; de esta manera conseguirá que parezca más real, algo concreto a lo que lanzarse. Para ello hay que preparar una serie de actuaciones que deben llevarle hacia el objetivo que se ha propuesto.

Las preguntas que debe hacerse en estos casos son «¿a quién encontraré?», «¿qué diré?», «¿cuándo hablaré con ellos?», «¿cómo lo enfocaré?», «¿qué método escogeré?», «¿cuándo tendrá lugar la entrevista?». A todas ellas podrá responder con una respuesta que las englobe como: «Me encontraré con el subcomité en la próxima reunión y les haré una exposición al final. Plantearé algunas preguntas y les preguntaré qué es lo que quieren. Finalmente, pediré una decisión y un plan de acción». Por otra parte, una respuesta como «quiero que todos obtengamos más resultados» es una afirmación muy imprecisa.

Cuarta fase: definir los criterios con los que conseguirá realizar su objetivo

Es preciso que usted emplee criterios tangibles que le permitan saber si ha logrado lo que se había propuesto. De esta manera, su objetivo parecerá mucho más real y convincente.

Para ello puede tener en cuenta todos sus sentidos:

✓ podrá ver los resultados (visión);

✓ podrá oírlos (oído);

✓ podrá percibirlos emotivamente (emoción);

✓ podrá palparlos con sus propias manos (tacto);

✓ podrá olerlos (olfato);

✓ podrá saborearlos (gusto);

Hace poco tiempo, me encontré en la siguiente situación: estaba ayudando a una amiga a establecer unos objetivos. Quería persuadir a su esposo de que la acompañara en unas merecidas vacaciones en Grecia. Cuando fue el momento de decidir cuál sería la evidencia que probaría que había conseguido su objetivo, le pregunté: «¿Qué verás, oirás y sentirás, tanto interior como exteriormente, que te haga saber que has conseguido tu objetivo?». Ella respondió: «*Veré* el cielo azul encima de mí y *oiré* el batir de las olas, la música griega llevada por el aire a través de los olivares y el tintinear de los cubitos de hielo de la copa en mi mano. *Sentiré* el sol en mi cuerpo y la copa helada en mi mano. *Oleré* la crema solar y el ouzo de mi copa».

La respuesta de mi amiga fue más sustanciosa y vigorosa que «sabré inmediatamente si lo he conseguido o no», lo cual normalmente significa lo contrario. Probablemente usted no tiene aún idea de sus propios «criterios adquisitivos».

Quinta fase: comprobar la aceptabilidad y la integridad de su objetivo

Debe comprobar que sus acciones sólo pueden ser la consecuencia de lo que usted se había propuesto. ¿Estará completamente satisfecho con el resultado? Hay que prestar especial atención a todo

aquello que pueda expresar duda, en especial aquellas afirmaciones que comienzan con un «sí, pero…», ya que indican la existencia de una objeción latente.

¿Hay alguna parte de usted que se oponga a alguno de sus objetivos? Si pudiese conseguir su objetivo, ¿lo obtendría sin ningún tipo de reserva?

Si la respuesta a estas preguntas es un dudoso «sí, pero...» o un «bueno, no estoy seguro» o incluso un diplomático «siempre que no afectara esto y aquello...» o similar, deben tenerse en cuenta algunas consideraciones más a la hora de planificar sus objetivos. La cuestión más espinosa es la que se refiere a la «aceptabilidad», pues

---

DEFINIR UN OBJETIVO EN CINCO FASES

1. Formule su objetivo en términos positivos.

2. Asegúrese de tener un pleno control de los resultados.

3. Especifique la modalidad que intenta seguirse para lograr el objetivo elegido.

4. Establezca los criterios tangibles que le confirmarán su logro (y en especial, referidos a la vista, el oído, las emociones, el tacto, el olfato y el gusto).

5. Compruebe honestamente si el objetivo es de su agrado.

EJERCICIO. El arte de la visualización creativa

1. Piense en una situación futura en la cual usted desea persuadir a otra persona de algo. Decida su objetivo, asegúrese de que está bien argumentado y plantéelo en términos afirmativos. Póngalo por escrito.

2. ¿Qué hará usted para conseguirlo? ¿Está implicada alguna persona más? ¿Cómo podría afectar su presencia en el resultado? ¿En qué medida?

3. Escoja un momento y un lugar tranquilo en el que no pueda ser molestado. Siéntese en silencio por un instante y permita que todo su cuerpo se relaje y que su mente vuele. Mientras está sentado, disfrute de este momento e imagine qué pasará cuando usted consiga su objetivo.

4. Imagine que ha logrado plenamente su objetivo. Póngase en la situación de una persona que ha triunfado. Cuando empiece a imaginar este momento futuro, cree una brillante y precisa imagen en su mente y manténgala por unos instantes mientras disfruta de las sensaciones que acompañarán su futuro éxito.

5. Advierta las pruebas visuales que confirman su éxito.

6. ¿Cuáles son los sonidos que escuchará en ese momento?

7. ¿Qué sensaciones tiene ahora, después de haber logrado sus objetivos?

8. ¿Siente algún olor en particular?

9. ¿Hay algún sabor relacionado con ese momento?

10. Usted está dirigiendo su propia película. Preocúpese de que el sonido, el encuadre y la iluminación le permiten disfrutar con toda comodidad de ese instante tan especial.

11. Saboree poco a poco toda la acción. Siga todas las imágenes hasta llegar al final.

es en donde tiene lugar la mayoría de problemas. Muchas personas creen que deben lograr un objetivo pero en el fondo están preocupadas por algunas consecuencias indirectas. Si en esta etapa no está usted plenamente seguro de lo que va a hacer, es poco probable que realice su objetivo.

Mediante este ejercicio ya está preparado para el éxito. Su mente y su cuerpo piensan que sus objetivos ya han sido alcanzados. Puede empezar a actuar y a hablar de forma diferente, más positivamente. Por supuesto muchos lectores pueden pensar que esto no tiene ningún sentido hasta que ellos mismos lo llevan a cabo y descubren que realmente funciona. Una vez ha realizado este trabajo por sí mismo, la visualización creativa se convertirá en un ingrediente muy importante de su éxito. Intente practicarla cada día.

Se puede argumentar que el arte de visualizar un resultado futuro es la única y más poderosa herramienta de autodesarrollo que usted puede utilizar para influir en las decisiones de otras personas o cuando aspira a otros objetivos. Sin embargo, no debe caer en el error de limitar su éxito imponiéndose una pauta tan rígida. Frases como «al final de la reunión los habré convencido» o «los miembros del comité resolverán los pormenores» le separan en cierto modo de las decisiones finales y le niegan la posibilidad de explorar todas las opciones disponibles.

COMPORTARSE COMO SI SE HUBIERA TENIDO ÉXITO

Una gran parte de su éxito como persona persuasiva dependerá de su habilidad para actuar «como» si hubiese de tener éxito, lo cual no significa que su comportamiento deba ser arrogante o confiado ni tampoco que sobreactúe. Todo lo contrario: consiste en comportarse *como si ya se hubiera conseguido el objetivo*. A pesar de

que esta afirmación puede resultar un tanto confusa, si se mira detenidamente se dará cuenta de que no lo es tanto. Supongamos que ha visualizado su objetivo y confía en un posible triunfo. Ahora es el momento de fijarse en la postura que debe adoptarse, la manera de hablar y la gesticulación.

Imagínese esta situación. La semana pasada usted compró un artículo caro en una tienda de una calle importante. Cuando ya había realizado la compra observó que había un gran rótulo que decía: «No se devolverá dinero en efectivo por ningún artículo comprado aquí». Pero el amigo para el cual compra el artículo ya dispone de uno, por lo cual usted decide poner a prueba su destreza para persuadir al encargado de la tienda de que usted desea la total devolución de su dinero. La reclamación podría desarrollarse más o menos de la siguiente manera:

«¿Podría hablar un momento con el gerente, por favor? Ah, es usted. Bien. Compré este artículo en su tienda la semana pasada y al salir me fijé en el cartelito en el que se anuncia que no se devolverá el dinero. A pesar de ello, me pregunto si no sería posible que me lo devolviesen en esta ocasión. Le estaría muy agradecido si usted pudiese hacer una excepción. ¿No? Bueno, había que probarlo, nunca se sabe.»

Este monólogo está lleno de negaciones y expresiones condicionales que constituyen un serio peligro a la hora de persuadir a alguien

EJERCICIO. Cómo detectar expresiones negativas

El monólogo de la tienda es seguramente un ejemplo exagerado pero lleno de señales verbales de que usted esta actuando «como si» no esperase tener éxito en su reclamación. ¿Cuantas señales contiene el requerimiento? Hay diez especialmente elocuentes, pero pueden encontrarse más.

de que haga algo a lo que, en principio, no está dispuesto. Cada palabra mina el poder y la claridad de su influencia. Existen dos niveles de comunicación, el consciente y el inconsciente. Con frecuencia decimos una cosa y emitimos otra; de esta manera, nuestro interlocutor descubre nuestra falta de confianza en nuestra acción y se vale de ella para impedir que consigamos lo que nos proponemos.

Cada una de las expresiones negativas sugiere que quien está hablando intuye desde el principio que su reclamación no tendrá éxito. Lo mejor en estos casos es esforzarse por ser directos y positivos y asegurarse de que la solicitud se formula de la manera más

clara posible. Hay que evitar el uso de palabras y frases condicionales o negativas como

- No creo que…
- No será posible…
- Espero…
- No podría encontrar la manera de…
- Tal vez…
- Le ruego…
- Comprendo que normalmente usted…
- Le molestaría…
- No es posible, pero…
- Otra cosa más…
- Había que intentarlo…

Es mucho mejor presentar el problema mediante una pregunta directa: «¿pueden devolverme el importe completo, por favor?» o «¿qué debo hacer para recuperar el importe?». De este modo, será mucho más fácil que nuestro interlocutor se vea impelido a contestar afirmativamente antes que a rehusar la reclamación.

LA IMPORTANCIA DEL ENSAYO

El proceso de planificación debería incluir siempre algo parecido a un ensayo o un repaso de la situación proyectada:

✔ repasar mentalmente el procedimiento que va a emplearse;

✔ hablar de ello con un amigo;

✔ hacer una sesión práctica completa, preferiblemente grabada en vídeo o en casete para estudiarla.

La mayoría de gente detesta estos ensayos, y es comprensible. Sin embargo, este procedimiento tiene su valor, si bien no podrá asegurar completamente el éxito de una entrevista. En una ocasión tuve que conducir una negociación con otras dos personas. Mientras mi esposa y yo nos dirigíamos a la reunión empezamos a repasar el diálogo. Nos hicimos preguntas a nosotros mismos: ¿qué esperábamos de la negociación?, ¿qué era lo máximo que podíamos obtener?, ¿qué es lo mínimo que estábamos dispuestos a aceptar?, ¿cuál era el resultado más probable? «Supongamos que dicen esto y aquello. ¿Qué responderemos?»

Aunque habíamos pensado que yo conduciría la negociación, al final mi esposa se sintió tan llena de confianza después del breve repaso en el coche que la llevó ella. Salvo detalles sin importancia, todo acabó como habíamos planeado y, además, con un par de ventajas que no consideramos.

El juego de la simulación es parecido a un entrenamiento de boxeo. El boxeador que se prepara para el gran combate del próximo sábado solicitará los servicios de un adversario. Ninguno de los dos tiene la intención de poner fuera de combate al otro o de infligir lesiones graves, sino examinar todos los movimientos, poner a prueba las tácticas y asegurarse de que sus condiciones físicas son las que se esperan para la noche del gran combate.

Si es posible, utilice tanto grabaciones en audio como en vídeo para estudiar sus estrategias.

RESUMEN

1. Antes de fijar sus objetivos, repase la lista de aspectos que debe tener en cuenta.

2. Definir sus objetivos no sólo es importante, sino que funciona.

3. Utilice el método de las cinco fases para delimitar sus objetivos.

4. La visualización creativa le ayudará a conseguir sus objetivos.

5. Recurra a sesiones de simulación para ayudarle a descubrir su fuerza y sus puntos débiles.

6. Compórtese «como si» hubiera triunfado

7. El éxito llama al éxito. Cuanto más consiga, mayor capacidad de persuasión tendrá.

CAPÍTULO 2

COMPRENDER
LAS NECESIDADES AJENAS

> *Para vender al cliente lo que desea,*
> *es necesario ver el mundo con sus ojos.*

Cada cual se motiva de una manera muy diferente y que además suele cambiar con el paso del tiempo. Este capítulo se centra en la importancia que tiene la comprensión de los diversos factores que rigen el comportamiento de las personas, sus valores, sus creencias, sus necesidades y sus deseos.

Existe un viejo chiste que resume estas ideas de forma ingeniosa. Todo el personal de ventas de la empresa de comida para gatos Perky estaba reunido en la convención anual. Dos mil vendedores estaban escuchando atentamente al director de mercadotecnia que agitaba los brazos en el podio, ofreciendo una actuación entusiástica:

— ¿Quién tiene la mejor comida para gatos del mundo?

— ¡Nosotros! —contestó todo el personal de ventas.

— ¿Y quién tiene la mejor campaña publicitaria?

— ¡Nosotros! —fue la respuesta.

— ¿Quién tiene la presentación más atractiva?

— ¡Nosotros! —gritaron llenos de regocijo.

— ¿Quién tiene la mejor red de distribución?

— ¡Nosotros! —rugieron.

— De acuerdo. Así, pues, ¿por qué nuestro producto no se vende?

La respuesta vino de una voz fuerte y clara al final de la sala: «Porque a los gatos no les gusta».

A todos nos mueve la motivación. Motivación para hacer algo, para no hacerlo o para considerar las posibilidades de hacer algo. Imagínese la escena. Usted está paseando por la calle cuando un transeúnte le para y le propone el negocio del siglo. «Tengo la ganga más increíble para ofrecerle. Es un jaguar descapotable plateado, con sólo un año y medio y menos de doce mil kilómetros. Costó mas de cinco millones, pero para usted lo puedo dejar en dos y medio, la mitad del precio. ¿Qué tal? Qué le parece?».

Bien, ¿qué pensaría usted? Puede presentar un talonario y lanzarse sobre lo que evidentemente es una ganga. Puede desconfiar de esta persona. ¿La conoce? ¿Sabe si realmente el coche es suyo? ¿El coche está en condiciones de circular? ¿Ha sido robado o ha sufrido una colisión? Y en cuanto al precio, ¿costó realmente cinco millones hace menos de dos años? ¿Y ahora vale dos millones y medio?

Por otra parte, puede que usted no esté motivado para comprar este tipo de coche. Imagínese que no puede conducir, que el deportivo es demasiado pequeño para toda su familia, que el color es horrible. Por si fuera poco, nunca le han gustado los coches deportivos y se encuentra satisfecho con el suyo. Además, no puede desembolsar una cantidad tan grande, aunque el precio le parezca más bajo de lo normal para un coche de esas características.

A menos que usted posea un poder de persuasión enorme, es casi imposible conseguir que alguien que no esté motivado se pliegue a sus deseos. Los publicistas afirman que para motivar al comprador deben tenerse en cuenta estos tres factores: la necesidad, la codicia y el temor.

A pesar de su simplicidad, esta afirmación no deja de ser real. Muchas de nuestras decisiones están regidas por una combinación de diversos factores de motivación. Tomemos como ejemplo los seguros de vida. El factor de motivación inicial es el temor, pero la posibilidad que le ofrecen de solicitar un préstamo con unas condiciones bastante favorables estimula su codicia.

Convencer a una persona de que tiene una necesidad es bastante fácil. Pero lograr que a la vez cambie de comportamiento es algo más complicado, ya que puede oponer a nuestros argumentos una serie de inconvenientes para demostrarnos que no todo es tan fácil como pensamos. Estas son algunas de las razones que pueden esgrimir:

✔ falta de dinero:

✔ falta de tiempo;

✓ lealtad a un método, una idea, una persona, un producto, un suministrador o un contrato;

✓ satisfacción con la situación presente;

✓ miedo a tomar una decisión equivocada.

Así pues, aunque el reconocimiento de la necesidad es muy fuerte, el cambio sólo puede producirse cuando va acompañado de la vanidad y el temor. La necesidad de cambiar un coche se despierta ante el temor de que tantos años de uso hayan acabado por deteriorar el motor. Sin embargo, el propietario no posee el dinero suficiente. Se le puede persuadir para que pida prestada la cantidad suficiente para comprarlo a través de un plan de financiación, pero es de esas personas a las que les gusta pagar todo al contado. ¿Por qué ha de cambiar su forma de pensar? A lo mejor hay otro coche que le interese más, pero sólo queda uno en el concesionario (temor), la oferta expira el sábado (avaricia) y, además, se trata de un modelo especial de serie limitada que no todo el mundo tendrá (vanidad).

¿QUÉ ES LA MOTIVACIÓN?

La motivación es lo que nos hace actuar y comportarnos de una manera muy personal. Si queremos que los demás cambien, lo primero que deberemos averiguar es todo aquello que se refiera a sus necesidades.

Hay dos famosas clasificaciones de necesidades; una formulada por Abraham Maslow, y la otra, por Frederick Herzberg. Maslow sugiere que los humanos poseen una jerarquía de necesidades bastante simple, en la que una necesidad debe ser satisfecha antes de que surja la siguiente.

La investigación realizada por Herzberg sugiere que los elementos de motivación en el trabajo responden a dos categorías. El primer grupo nace del trabajo en sí mismo e incluye satisfacción en el trabajo, reconocimiento, sentido de realización, buena comunicación, pertenencia y aceptación social: todos estos elementos implican una motivación real. Actúan continuamente y nos estimulan para que actuemos y realicemos un esfuerzo aún mayor.

El segundo grupo de necesidades (Herzberg las llama *factores higiénicos*, cuyo rasgo más característico es que vienen siempre suscitadas por quien encarga el trabajo) parece estar formado por elementos de motivación que en algunos casos no sólo no tienen el efecto deseado, sino que pueden acabar por desmotivar completamente a la persona. Entre estos factores se incluyen el entorno, el sueldo, las vacaciones o la formación, por ejemplo, todos orientados para prevenir la insatisfacción laboral. Por ejemplo, un aumento de sueldo es muy satisfactorio y un buen factor de motivación, pero sólo a corto plazo. Casi al mismo tiempo en que depositamos en el banco nuestro nuevo salario, empieza a disminuir el valor de nuestro aumento de sueldo, tanto en términos reales como en el grado de satisfacción que sentimos con él.

La motivación es un proceso que siempre se plantea hacia el futuro y empieza con todas aquellas necesidades y deseos que hay en todos nosotros.

1 La necesidad crea acción.

2 La acción consigue fines.

3 Conseguir un fin satisface una necesidad.

Este proceso sigue exactamente el camino que recorremos cuando intentamos influir en las decisiones de una persona:

✔ identificar las necesidades de las otras personas;

✔ conseguir realizar sus objetivos y los nuestros mediante su actividad;

✔ satisfacción de las necesidades de cada cual.

CÓMO IDENTIFICAR MOTIVACIONES Y NECESIDADES

La mayoría de nosotros da por sentado que nuestras necesidades particulares son compartidas por un número mucho mayor de personas o incluso tienen un alcance universal. Esta creencia podría resumirse en la máxima «lo que me motiva a mí ha de motivar a la otra persona». Nada de eso. Si usted comparte con más personas algunas de sus motivaciones, sin duda se debe más a la suerte que a la existencia de una categoría universal. De hecho, los valores, las creencias, las necesidades y los deseos son mucho más complejos de lo que tendemos a pensar. To-

LAS VEINTE MOTIVACIONES HUMANAS PRINCIPALES

Reconocimiento	Autoestima
Seguridad	Cultura
Conveniencia	Moda
Ahorro	Religión
Beneficios	Amor/afecto
Salud	Compasión
Apetito	Placer
Educación	Comodidad
Avaricia*	Vanidad*
Temor	Sexo*

> Las motivaciones señaladas con un asterisco (*) pueden transformarse en debilidades. Desde un punto de vista ético, es inaceptable servirse de ellas para conseguir que alguien se pliegue a nuestros deseos, a menos que usted esté seguro de que su influencia va a ejercer unos cambios muy favorables en la persona a la que desea persuadir.

dos nosotros nos movemos por aquellas cosas que consideramos importantes en nuestras vidas. Entre ellas podemos incluir una casa de propiedad, una cuenta bancaria saneada, una relación amorosa, elogios y aprecio por parte de aquellos a quienes respetamos, etc. Algunas personas se mueven por lo que pueden considerarse motivaciones negativas: vanidad, envidia, temor. Aunque son negativos, estos factores de motivación pueden ser tan poderosos como los factores de motivación positivos.

Para influenciar a otras personas, necesitamos comprender tanto como podamos sus necesidades. Es preciso saber qué es lo que consideran importante y lo que les desagrada. En términos generales, los factores de motivación pueden subdividirse en cuatro categorías:

✔ valores;

✔ creencias;

✔ necesidades;

✔ deseos.

Algunas personas son mejores que otras observando conductas e identificando lo que les motiva. Otras basan sus juicios en un «instinto» que con frecuencia es poco fidedigno. Hay tres maneras sencillas para entender qué es lo que motiva a otras personas:

1. La observación personal, seguida de las conclusiones y las verificaciones pertinentes.

2. El diálogo con la persona en cuestión para deducir cuáles son sus motivaciones (operación mucho menos banal de lo que puede pensarse a primera vista) y comprobar la exactitud de sus afirmaciones.

3. Contrastar la imagen que tiene esa persona de sí misma mediante las declaraciones de un tercero que la conozca y disponga de la experiencia suficiente como para poder valorarla con exactitud. En este caso también es necesario comprobar la veracidad de sus declaraciones.

LOS VALORES

Cada persona posee unos valores que se establecen en virtud de lo que ella misma desea ser. Varían tanto que no pueden haber normas rígidas e inalterables en ningún caso. Los más importantes suelen ser los siguientes:

honradez
fidelidad
integridad
éxito
amor
independencia
amor propio
autoestima
prosperidad

Estos valores pueden disponerse en un orden jerárquico.

Por ejemplo, una persona puede anteponer la integridad y la honradez a la prosperidad, o bien primar la autoconfianza por encima del éxito.

Si desea ejercitar su capacidad de influencia, debe prestar especial atención a tres cuestiones esenciales:

- El conocimiento de los valores de las otras personas puede ser de vital importancia cuando llega el momento de trazar su estrategia. Si en su jerarquía de valores sitúan la integridad por encima y usted realiza propuestas que pueden ponerla en entredicho, fracasará.

- Los valores tienden a mantenerse. Se forjan a lo largo del tiempo. A lo mejor surgen de la educación de otra persona. Quizá forman parte de una enseñanza religiosa o filosófica. Posiblemente los valores han derivado de una relación especialmente influyente.

- Los valores pueden estar tan arraigados en la psique de una persona que todo intento de cambio puede llegar a resultar contraproducente.

Hay un refrán muy conocido que lo resume de forma clara: «En cuestión de principios, hay que mantenerse firme como una roca; en cuestión de opiniones, es mejor fluir como un río».

LAS CREENCIAS Y LAS OPINIONES

Habitualmente, las creencias y las opiniones suelen confundirse con los valores. Los dos son muy diferentes. Mientras que los valores están por lo general muy arraigados y son muy difíciles de eliminar, las creencias pueden cambiar a lo largo de la vida de una persona. Están en un estado de cambio continuo. Si durante una época

EJERCICIO. Cómo comprender los propios valores y creencias

Para entender hasta qué extremo depende la facilidad de persuasión de algunas personas de sus propios valores y sus creencias, a continuación le vamos a proponer un ejercicio mediante el cual podrá observar hasta qué punto influyen a la hora de tomar una decisión.

1. Haga una lista con los cinco valores que considere más importantes. Al mismo tiempo, recuerde cómo llegó a adquirirlos. ¿De dónde provino la influencia? ¿De sus padres? ¿De la escuela? ¿De sus creencias religiosas? ¿De sus relaciones con otras personas? ¿De sus amigos? ¿De sus vecinos?

2. Ahora anote tres creencias que tenía y que nunca más ha considerado verdaderas. Al mismo tiempo, reflexione sobre lo que le llevó a cambiar de opinión.

determinan el comportamiento de una persona, pueden acabar por ser cuestionadas y abandonadas para siempre. Aprendidas a lo largo de varios años, cambian en algunos meses. Expresadas por un amigo de confianza, son desechadas posteriormente como disparates. ¿Quién no ha recordado alguna vez cuando en su niñez poblaba el mundo de hadas, duendes o gigantes o esperaba escondido debajo de la cama o tras la puerta la llegada de los reyes magos o del ratoncito Pérez?

Algunos ejemplos de creencia compartidos universalmente son los siguientes:

✔ mi país, mi religión o mi equipo de fútbol son los mejores;

✔ todos los vendedores son más listos que el cliente;

✔ no se debe confiar en los políticos;

✔ algunas marcas comerciales son más seguras que otras.

Comprender sus valores y sus creencias y las causas que le llevarían a estar preparado para hacerlas cambiar le sitúa en una posición mucho más ventajosa para pensar cómo afrontar e influenciar a otra persona.

LAS NECESIDADES

Se ha escrito mucho sobre las necesidades y sobre qué es lo que motiva al ser humano. Se puede argumentar que, para los propósitos de este libro, no tiene ningún sentido desperdiciar el tiempo distinguiendo entre necesidad y deseo. Sin embargo, el hecho de que una persona insista en que tiene una necesidad real que permanece insatisfecha, o simplemente que quiere algo, es una cuestión de gran importancia. La satisfacción de esa necesidad se vuelve perentoria.

Estas son algunas de las necesidades más corrientes:

- ✔ ahorrar dinero;
- ✔ reducir los gastos;
- ✔ disponer del propio tiempo;
- ✔ ahorrar esfuerzos;
- ✔ hacerse valer;
- ✔ tener seguridad;
- ✔ ser independiente;
- ✔ actuar;
- ✔ aumentar el propio capital;
- ✔ obtener un descuento;
- ✔ estar bien considerado;
- ✔ satisfacer un requisito;
- ✔ ser un buen profesional;
- ✔ defender y preservar;
- ✔ descubrir;
- ✔ conquistar.

Por otra parte, estos son algunos de los deseos más comunes:

- ✔ ser el primero;
- ✔ ganar una negociación;
- ✔ encontrar la mejor solución;

EJERCICIO. Análisis de algunas necesidades

Para que este ejercicio resulte útil, es conveniente disponer de un ejemplo real que nos permita trabajar con él. Si no, siempre puede crearse un ejemplo hipotético.

1. Piense en una situación futura en la cual usted desea persuadir a una o varias personas. Decida su objetivo y anótelo.

2. Póngase en el lugar de la otra persona. Imagínese que usted es quien debe tomar la decisión de aceptar o rechazar su propuesta.

3. ¿Cuáles son las necesidades más importantes que desea ver cumplidas?

4. Más allá de las necesidades, ¿existe alguna cosa que usted u otras personas desearían? Sea imaginativo, intente evitar ser influenciado por su propio criterio establecido. Este es un ejercicio creativo. ¡Ponga en juego su imaginación!

- ✔ ser diferente;
- ✔ ser agradable;
- ✔ poseer;
- ✔ imitar e identificarse con algo;
- ✔ tener lo mejor;
- ✔ ganar algo a cambio de nada;
- ✔ hallar la solución más beneficiosa;

✔ ser envidiado;

✔ estar cómodo;

✔ sentirse contento y feliz;

✔ no hacer nada.

Seguramente debe haber observado que los deseos tienden a ser subjetivos y las necesidades tangibles y mesurables. En otras palabras, si una persona piensa que posee la mejor solución o la más económica, en cierta manera la tendrá... hasta que la convenza de lo contrario. Sin embargo, no hay que dejar de lado los deseos por el solo hecho de que son difíciles de conseguir. Pueden ser más poderosos que algunas necesidades mucho más tangibles y objetivas.

CÓMO UTILIZAR PALABRAS ATRACTIVAS

En el transcurso de una entrevista, una palabra puede cambiar la marcha de las negociaciones. Bien sea cara a cara, en una conferencia, por teléfono o por escrito, su éxito dependerá en buena parte de las palabras que usted utilice.

Si comprende las necesidades de los demás, sabrá cuáles son las palabras que pueden llegar a convertir una sugerencia mundana en una invitación irresistible. Conviene seguir los consejos de aquellas personas expertas en encontrar siempre la palabra jus-

ta. Piense que hay muchísimas empresas que dependen del uso cuidadoso e intencional del lenguaje. La mayoría de las empresas de venta por correo sobreviven gracias a su habilidad a la hora de provocar las decisiones de compra. Basta con echar una ojeada cada día a la publicidad. ¿Cuál es la diferencia entre la correspondencia de empresas de ventas por correo con éxito y la de aquellas que echamos a la papelera sin tan siquiera abrirlas?

Tú/tuyo (su/suyo)	Mayoría
Poder	Comprobado
Deseo	Hoy
Garantizado	Libre
Satisfecho	Salud
De qué manera (hacer, decir, etc.)	Resultados
Fácil	Mejor
Excepto	Único
El más grande	Vencer
Seguro	Positivo
Cuando	Éxito
Anunciar	Nuevo
Amar	Poder
Descubrir	Excelencia
Probar	Me pregunto si

El secreto de las palabras poderosas

Los mejores presentadores, profesores y entrenadores utilizan las palabras *tú*, *nosotros* y *yo* con bastante frecuencia para implicar al público en lo que están diciendo.

Los especialistas en publicidad saben que existen ciertas palabras que poseen una carga significativa especial. Son palabras mucho más propensas a estimular nuestra respuesta cuando las oímos o las leemos y poseen una atracción magnética para todos nosotros.

La Universidad de Yale hizo un estudio y llegó a la conclusión de que las palabras más efectivas eran aquellas que nos afectaban de forma más directa (hay algunos ejemplos en la página anterior).

Con esta nueva lista de palabras, usted puede aprender a expresarse de una manera más persuasiva. En situaciones futuras, puede utilizar estas palabras para formar frases con las que podrá llamar la atención de su auditorio y convencerlo.

Tú y *tuyos* son las palabras más poderosas que usted puede utilizar cuando hable con otras personas. Su fuerza reside en su capacidad de apelar a la persona y relacionarla con el grupo para que se sienta más respaldada y protegida. No existe ninguna duda sobre ello: su propuesta o idea está dirigida a ellos.

RESUMEN

1. Si desea convencer a otras personas para que cambien, intente saber cuáles son sus necesidades y cómo puede conseguir que se interesen por lo que usted diga.

2. La motivación es un proceso que empieza por el análisis de las necesidades. Las necesidades crean acción, la acción consigue objetivos y conseguir objetivos satisface esas necesidades.

3. Los valores humanos, las creencias, las necesidades y los deseos son muy complejos. Suelen variar con el paso del tiempo.

4. Los valores se forjan a lo largo del tiempo. Puede ser una pérdida de tiempo o contraproducente intentar cambiarlos.

5. Las creencias pueden ser pasajeras y con frecuencia oscilan a lo largo de nuestras vidas.

6. Las necesidades suelen ser tangibles; los deseos, en cambio, son subjetivos y, por lo tanto, pueden representar motivaciones más poderosas.

7. Si usa palabras cargadas de sentido, atraerá la atención de su público.

Sólo pido información.

Charles Dickens

Descubrir las necesidades y los deseos de otras personas no siempre es fácil. Este capítulo examina las diferentes formas de identificar las necesidades de otras personas.

Además de facilitarle un resumen de las técnicas interrogativas básicas, le mostramos aquí el poder de las preguntas dirigidas y la importancia de llegar a ser un buen oyente.

Supongamos que usted quiere convencer a un amigo para que pase con usted unas breves vacaciones.

Francamente, usted necesita un descanso. Últimamente el ritmo de trabajo ha sido agotador y unos días de relax le sentarían de maravilla. Ha visto un anuncio de un pequeño hotel campestre. No es caro y es conocido por su excelente cocina francesa. Además, está lo suficientemente lejos para ofrecer variedad, pero no tan lejos como para que el desplazamiento sea demasiado largo. Consigue un folleto y decide explicar a su amigo su excitante idea.

Usted se sorprende cuando su amigo rechaza su propuesta. No entiende por qué no ve bien su idea y se siente un tanto defraudado.

Pero a lo mejor, si se hubiese tomado la molestia de reflexionar un poco antes de hacer su propuesta, sus ideas hubiesen obtenido mas éxito.

**EJERCICIO. Plan para influenciar.
Un ejercicio de empatía**

1. A partir del ejemplo anterior
(la estancia en un hotel
campestre con un amigo)
o uno propio, imagine que
usted es la persona a la que
se debe convencer.
Siéntese, cierre los ojos
y póngase en su lugar.

2. Pregúntese qué requisitos se
deberían cumplir para que
estuviese dispuesto a pasar
un fin de semana con un
amigo. Piense en algunos
y elabore una lista sencilla.
Aquí tiene algunos para
empezar:

   • Hotel
   • Lugar
   • Actividades
   • Comida que le gusta
   • …
   • …

3. Este análisis confirmará
o bien que usted está
en la línea acertada y será
capaz de convencer a su
amigo, o bien que a lo
mejor tiene que introducir
algunos cambios en sus
propuestas.

Sitúese en el lugar de la persona que ha de ser persuadida. Entre las preguntas que quizás usted mismo quiera hacerse podrían incluirse otras que se ajusten a sus gustos. ¿Necesita ahora mismo unas vacaciones? ¿Le gustaría hacer unas vacaciones cortas? ¿Qué piensa de los hoteles rurales? ¿Qué hoteles prefiere, los pequeños o los grandes? ¿Qué partes del campo le interesan? ¿Tiene alguna necesidad dietética especial?

Tan pronto como sea posible compruebe si la otra persona necesita lo que usted le está proponiendo. La planificación y la preparación contestarán muchas de sus preguntas, pero no todas. Esté prevenido. Puede desperdiciar gran parte del tiempo invertido en su plan de persuasión por no haberse hecho cuatro preguntas básicas antes de empezar.

¿ESTARÉ PERDIENDO EL TIEMPO?

Sus intenciones pueden ser formales y su propuesta completamente lógica, pero ¿puede la otra persona decir «sí»? ¿Dispone de los recursos, del tiempo y del deseo?

Las personas que profesionalmente se dedican a convencer conceden una gran importancia a la planificación previa al encuentro. Puede ser un tiempo bien empleado y una inversión valiosa. Es imposible proporcionar una lista de técnicas que sean aplicables a todas las circunstancias; no obstante, la lista siguiente cubriría la mayor parte de las situaciones.

**ANTES DE EMPEZAR.
UNA LISTA DE REFERENCIA**

- ¿Puede esta persona tomar una decisión de compra?

- ¿Conozco o puedo adivinar sus necesidades?

- ¿Existen algunas especificaciones técnicas que deba conocer?

- ¿Existen otras personas cuya influencia sea mayor?

- ¿Cómo planifica su tiempo libre?

- ¿Hay algún presupuesto?

- ¿Cómo se cubrirá cualquier coste?

- ¿Cómo toma habitualmente sus decisiones?

- ¿Tiene sentido la idea que hay detrás de su propuesta?

CÓMO GARANTIZAR LA MEJOR RESPUESTA A SUS PREGUNTAS

Existe una historia que resume a la perfección cómo una simple pregunta puede transformar nuestra habilidad de influenciar a la gente. Cuando el director de ventas vio que el recibo de una venta era superior a los 70.000 dólares, llamó al vendedor implicado.

—Dios mío, esta es la mayor venta nunca hecha por uno de nuestros vendedores. Quiero que me describa detalladamente, paso a paso, cómo la realizó. ¿Cuál fue el primer artículo que compró el cliente?

—Veinticinco anzuelos para truchas.

—Ya lo veo. ¿Qué sucedió entonces?

—Le vendí algunos metros de sedal y algunos carretes. Evidentemente, si iba a pescar también necesitaba botas de goma, chubasquero y un sombrero. Le dije que le sería difícil transportar todo aquel material, por lo que sería mucho mejor disponer de una base permanente desde donde pescar. Le vendí una de nuestras cabinas prefabricadas. Como las carreteras son bastante malas en las regiones montañosas, le convencí de que comprara un Jeep Cerote de tracción en las cuatro ruedas. Oh, sí, después vinieron el bote, el remolque y la lancha fueraborda.

—Es realmente sorprendente. ¿Quiere decir que este cliente vino sencillamente para comprar unos simples anzuelos y que usted le vendió un equipo completo de pesca?

—No, señor Gresham, no vino para comprar anzuelos.

—Entonces, ¿para qué vino?

—Solamente había venido para preguntar las direcciones de nuestro departamento de ropa prenatal, por lo que le dije: «Me parece que se va a aburrir un buen rato; ¿conoce por un casual la pesca de la trucha?».

Una simple pregunta que ocasionó unos resultados extraordinarios. La mayoría de las personas persuasivas utilizan las preguntas para descubrir información valiosa o para dirigir a la otra persona hacia una decisión. Este método básico tiene limitaciones y puede fallar con frecuencia. Veamos un ejemplo:

Vendedor: ¿Puedo ayudarle en algo?
Cliente: No, gracias, sólo estoy mirando.

¿Cuándo aprenderán? Una y otra vez, día tras día la misma pregunta, la misma respuesta. Con frecuencia, el truco consistirá en expresar la pregunta en forma declarativa.

Vendedor: Buenas tardes. Si desea algo, estoy a su disposición. Puede mirar con toda libertad.
Cliente: Gracias. Me preguntaba si tenían esta prenda en la talla cuarenta y dos.

O bien:

Vendedor: Buenos días. Estos jerseys han llegado esta semana. ¿Qué talla está buscando?
Cliente: ¿Tiene la talla cuarenta y dos?

Las preguntas básicas

Existe una amplia variedad de preguntas para escoger en función del resultado y de la respuesta que desea. Aquí tiene algunos ejemplos.

Preguntas abiertas
Es probable que cualquier pregunta que empiece por *quién*, *qué*, *cómo*, *por qué*, *dónde* o *cuándo* evite una respuesta positiva o negativa. Permiten sondear y conocer todas las necesidades del cliente.
Ejemplo: «¿Con qué frecuencia surge el problema?»; «¿hasta qué punto es importante para usted una solución?».

Preguntas cerradas
Las preguntas cerradas se emplean cuando usted necesita una respuesta afirmativa o negativa, de conformidad o una respuesta corta. Como con este tipo de preguntas se obtiene menos información, puede poner en peligro el procedimiento con una menor comprensión de las otras necesidades.
Ejemplo: «Entonces, ¿seguimos adelante?»; «¿está contento con la idea?».

Preguntas recapituladoras
Las preguntas recapituladoras generalmente se basan en el contenido de respuestas anteriores. Son psicológicamente profundas porque reflejan algo que la otra

persona ha dicho o siente y ofrecen ciertas pruebas de su empatía y de sus habilidades auditivas.

Ejemplo: «Volviendo a su punto inicial sobre el rendimiento, ¿es muy importante para usted?».

Preguntas múltiples

Una sola pregunta puede encubrir otras, lo que permite iniciar un diálogo con el cliente y hacer que responda poco a poco, dirigiéndole para que nos revele sus propios intereses y actuando en consecuencia.

Ejemplo: «¿Qué le gusta de su trabajo: la gente, la situación, el tipo de negocios o su director?».

Preguntas inductivas

Obligan, en cierto modo, a que el hablante responda sólo aquello que a usted le interesa. Es una forma de hacer preguntas a la que mucha gente opone resistencia, por lo que debe recurrirse a ella en pocos casos.

Ejemplo: «Usted no es feliz con esto, ¿no es verdad?».

Preguntas con suposiciones

En este tipo de preguntas usted interpreta un hecho y obliga en cierto modo a su interlocutor a que acepte o refute su suposición. Con frecuencia, la gente acepta suposiciones si estas se introducen con palabras tales como «evidentemente», «sin duda» o «estoy convencido de que estará de acuerdo».

Ejemplo: «Por lo tanto, usted evidentemente está de acuerdo con el punto de vista de Mike».

Preguntas de seguimiento

Las preguntas de seguimiento son declaraciones que contienen una pregunta al final.

Ejemplos: «La exactitud es una consideración importante, ¿no es verdad?»; «estoy seguro de que será lo apropiado, ¿no cree?».

Otras preguntas de seguimiento pueden ser:

— son ellos, ¿no?;
— trabajas allí, ¿no?;
— parece adecuado, ¿no crees?;
— ¿no es verdad?;
— deberíamos ir, ¿no te parece?;
— ¿no estás de acuerdo?

Las preguntas de seguimiento son parecidas a las preguntas con suposiciones, pero son mucho más sutiles y poderosas. Usted realiza una declaración con suposición y añade frases que están diseñadas para animar al oyente a que esté de acuerdo con usted. (Estoy convencido de que usted reconoce esta categoría de pregunta, ¿no es verdad?)

Preguntas de elección alternativa

Son las más útiles para el vendedor. La llamada técnica de la disyuntiva. Esta técnica obliga a la persona a hacer una elección entre todo lo que se le ofrece. Es mucho más eficaz que preguntar: «¿le gusta el rojo?».

Ejemplo: «¿Qué vestido prefiere, el rojo o el verde?».

Preguntas de fondo

Las preguntas de fondo ofrecen información básica a partir de la cual puede extraer conclusiones.

Ejemplo: «¿Qué fue lo que llevó a Miguel a tomar esta decisión?».

Preguntas sobre problemas

Se concentran en la situación o en el problema de la otra persona.

Ejemplo: «¿Qué tipo de problemas le ocasionó esto?» Si recurre a una pregunta abierta, como «¿le ocasionó esto algún problema?», abre la posibilidad de que le respondan negativamente.

Preguntas especulativas

Las preguntas especulativas definen lo que está sucediendo como resultado de una situación o de un problema reinante.

Ejemplo: «¿Qué sucedería si no se hace nada respecto a esto?».

Preguntas sobre necesidades

Las preguntas sobre necesidades permiten que el interlocutor exponga los requisitos en sus propios términos, lo cual le ayudará a reforzar su compromiso con las soluciones o las sugerencias propuestas por usted.

Ejemplo: «Si tuviera esto, ¿le sería útil en el futuro?».

EJERCICIO. ¿Qué preguntas utilizaré?

¿Recuerda la propuesta que le hizo a su amigo para ir de vacaciones a un hotel campestre? Utilice esta lista para enmarcar algunas preguntas importantes.

Es poco probable que usted desee utilizar todos los estilos de preguntas; escoja las que:

✔ usted crea que serán más efectivas;

✔ encajarán perfectamente con la persona a la que está usted influenciando;

✔ le supondrán un reto.

- Preguntas abiertas
- Preguntas cerradas
- Preguntas recapituladoras
- Preguntas múltiples
- Preguntas inductivas
- Preguntas con suposiciones
- Preguntas de seguimiento
- Preguntas de elección alternativa
- Preguntas de fondo
- Preguntas sobre problemas
- Preguntas especulativas
- Preguntas sobre necesidades

LAS SUPERPREGUNTAS

Cada persona utiliza su propio lenguaje, basado en la experiencia personal. Sin embargo, hay que calcular muy bien lo que se va a decir: si bien algunas expresiones pueden ser especialmente llamativas y originales, también pueden ser ambiguas y causar malentendidos en la comunicación. Para ser capaces de comprender totalmente a los demás, también necesitamos entender su forma de pensar. La comprensión que tiene cada persona de lo que sucede a su alrededor es «su realidad», y puede no ser la misma que nosotros entendemos. ¿Ha paseado alguna vez con un amigo y ha observado, oído u olido cosas diferentes? Esto es muy habitual. Pregunte a dos personas que describan al ladrón de un banco y podrá usted buscar a dos ladrones: sus descripciones pueden llegar a ser así de diferentes.

La realidad, sea cual sea su significado, sólo puede describirse con palabras. La realidad es lo que otras personas creen que es. Cuando describimos nuestra versión de la realidad, creamos nuestra descripción a partir de lenguaje sensorial, traduciendo lo que hemos visto, oído, tocado, sentido emocionalmente, olido o probado. Es así. No tenemos más recursos para hablar sobre nuestra comprensión. Es por este motivo por lo que la comunicación puede ser tan inexacta.

Todos los sustantivos pueden dividirse en dos categorías:

específico, definido, concreto

vago, abstracto

ALGUNOS EJEMPLOS DE LAS DOS CATEGORÍAS DE SUSTANTIVOS

Concreto	Abstracto
libro	calidad
seda	patriotismo
camino	calidad
coche	lealtad
uñas	eficacia
director	preocupación
campo	productividad
pared	beneficio

El diccionario define *amistad* como «afecto personal, puro y desinteresado, ordinariamente recíproco, que nace y se fortalece con el trato». Evidentemente, cada persona tiene una interpretación diferente de esta palabra. ¿A qué nos referimos cuando hablamos de «amistad»? ¿Existen grados de amistad según las circunstancias?

Si tres personas están hablando de productividad, cada una de ellas puede estar utilizando la palabra desde perspectivas diferentes (tal vez asociada con una experiencia del pasado o con expectativas futuras).

El diccionario define la productividad como la «capacidad o grado de producción por unidad de trabajo».

¿A qué se refiere «unidad de trabajo»? ¿A las personas? ¿A las máquinas? ¿A un departamento? ¿A una empresa? ¿Y producción de qué?

Si usted desea descubrir qué piensa una persona y cómo los procesos del pensamiento afectan a su conducta, sólo necesita aprender dos grupos de preguntas, a las que yo llamo superpreguntas. Para llevar a alguien hasta donde usted desea ir, ha de saber dónde se halla en este preciso momento. Para influenciar sus ideas, ha de saber cuáles son. Estas superpreguntas le serán muy útiles.

Antes de describirlas, necesita identificar en una conversación el momento en que desea utilizar una de estas preguntas. De la misma manera que existen una serie de preguntas para hacer, también hay algunas señales que le permitirán utilizar la superpregunta adecuada. Los tres momentos en que una superpregunta puede eliminar un obstáculo son:

✔ cuando una exposición hecha por otra persona presenta pérdida de información;

✔ cuando se hacen exposiciones que contienen normas aparentes, limitaciones o generalizaciones;

✔ cuando se hacen exposiciones que sugieren una visión distorsionada de la realidad.

La técnica de la superpregunta

A continuación puede ver algunos ejemplos de situaciones en los que pueden utilizarse las superpreguntas. Los ejemplos ofrecidos son breves. No obstante, en la vida real, conviene suavizar la pregunta con frases como «es interesante», «entiendo lo que quiere decir», «es un buen argumento el que usted ha planteado», «puedo preguntarle...», o simplemente repetir la exposición. La técnica funciona mejor cuando existe una buena relación y cada persona desea alcanzar el mismo resultado.

Preguntas que descubren informaciones implícitas

Algunas personas suprimen palabras adrede. Algunas veces se omite una palabra de un enunciado y el significado queda incompleto o es ambiguo. Para dar sentido a la exposición necesitamos recuperar la palabra que falta.

Todos los padres reconocerán esta conversación que tuve hace poco tiempo con mi hija:

Yo: ¿Adónde vas?
Charlotte: A encontrarme con algunos amigos.
Yo: ¿Cuáles?
Charlotte: Aún no lo sé, depende de los que vengan.

Yo: ¿Dónde has quedado con ellos?

Charlotte: En un bar.

Yo: ¿Qué bar?

Charlotte: Uno del pueblo.

Yo: Entonces, ¿a qué hora volverás?

Charlotte: Tarde.

Yo: ¿Qué significa «tarde»?

Charlotte: ¿Después de medianoche?

Yo: ¿Cuánto más después de medianoche? ¿Cuándo he de empezar a preocuparme por ti?

La omisión deliberada es sencilla. Solamente suprime los hechos, las alusiones explícitas, los adjetivos y los adverbios. A menudo suele pasar que esta omisión de datos es inconsciente o inintencionada. Ocurre con frecuencia que dos interlocutores se conocen tanto que pasan por alto muchas informaciones importantes.

A continuación presentamos ejemplos de exposiciones que contienen información «suprimida» o «extraviada» junto con las superpreguntas que deben resolver el «enigma».

Las expresiones vagas: cómo utilizar una superpregunta

Las superpreguntas siguientes sirven para recabar la información necesaria a partir de los términos utilizados:

«Voy a la tienda.»
«¿A qué tienda, concretamente?»

«Este año los beneficios parecen buenos.»
«¿Exactamente, qué beneficios?»

«Quiero un nuevo trabajo.»
«¿Qué tipo de trabajo?»

«Ellos no me escuchan.»
«¿Quién no te escucha?»

Observe que estas preguntas son mucho más útiles que otras como las del tipo: «¿qué quieres decir con eso?».

Verbos poco precisos: cómo utilizar una superpregunta

Las preguntas siguientes aportan información específica sobre la forma como la persona está utilizando un verbo.

«Creo que se han enfadado.»
«¿Cuál ha sido la causa?»

«La productividad está disminuyendo.»
«¿Cuál es la causa de la disminución?»

«Estoy asustado.»
«¿Qué es exactamente lo que te asusta?»

Verbos transformados en sustantivos: cómo utilizar una superpregunta

Se trata de un proceso conocido como *nominalización*. Los sustantivos pueden tener un significado para la persona que habla que no queda demasiado claro para quien le escucha.

«Deberían reconocer mi labor.»
«¿De qué manera?»

«Se merecen una educación mejor.»
«¿Qué entiende por "educar"?»

«Es muy importante estar satisfechos con el trabajo diario.»
«¿En qué consiste esa satisfacción?»

Las preguntas anteriores remontan el proceso de nominalización y permiten conocer el significado real que da el interlocutor a cada una de las palabras.

Comparaciones poco claras: cómo utilizar una superpregunta

Las preguntas siguientes le ayudarán a descubrir el estándar de la comparación que se realiza

«Este es el modelo más atractivo.»

«¿Desde qué punto de vista?»
«¿En qué sentido es más atractivo?»

«Es la mejor para este trabajo.»
«¿En comparación con quién?»

«Este producto es el más barato.»
«¿Respecto a qué productos, concretamente?

Normas aparentes, limitaciones y generalizaciones: cómo utilizar una superpregunta

Las preguntas siguientes exploran los límites que rodean un acto o un pensamiento determinado, examinan los juicios de valor de las personas y ponen en duda normas percibidas y excepciones.

«No debes hacerlo de esta forma.»
«¿Qué pasaría si lo hiciera?»

«Debemos guardar siempre una copia.»
«¿Qué pasaría si no la guardamos?»

«Debemos publicar el informe financiero antes del lunes.»
«¿Qué pasaría si lo hiciéramos más tarde?»

«No puedo hacerlo.»

«Entiendo tu dificultad pero, exactamente, ¿qué es lo que te impide hacerlo?»

«Nunca ascendemos a nadie en los dos primeros años.»
«¿Hubo alguna época en que se ascendió a alguna persona antes?»

«Todo el mundo debe ampliar su educación.»
«¿Hasta dónde?»

«Esto no es posible.»
«¿Qué debería suceder para que fuera posible?»

Utilice estas preguntas con cierta precaución, ya que pueden acarrear problemas. Imagine que su jefe le dice «no puede cogerse un día libre extra» y usted le responde «¿qué pasaría si lo cojo?». ¡Podría enfurecerlo! Pruebe en su lugar con esta pregunta: «¿hay algún problema grave? ¿Puedo ser útil?»

Observe qué sucede cuando usted se hace preguntas sobre normas, limitaciones o generalizaciones para cuestionar sus propias ideas preconcebidas y procesos del pensamiento.

Cuando el interlocutor tergiversa la realidad

Las preguntas siguientes exploran y reajustan las tergiversaciones

que pueda hacer nuestro oyente. Por ejemplo, puede darse el caso de que una persona saque conclusiones equivocadas de lo que hayamos dicho. Si usted conoce cómo piensa y siente otra persona, puede estar convencido de que si sabe elegir las palabras justas, más que sugerir una respuesta, obligará inconscientemente a su interlocutor a que la acepte.

«Está mal pensar de esta manera.»
«¿Cómo sabes que está mal?»

«No podemos comprar otra póliza porque será muy cara.»
«¿Cómo puede ser tan caro tener otra póliza?»

«La gente de este tipo me irrita.»
«¿Cómo te irrita este tipo de gente?»

«No entiendes lo que te estoy diciendo.»
«¿Qué te hace pensar que no te entiendo?»

Cómo suavizar las superpreguntas

El efecto que todas estas preguntas pueden causar sobre los demás puede ser alarmante. Usted les está pidiendo que vean las cosas desde una perspectiva nueva o diferente: para algunas personas este proceso puede ser molesto y difícil. Piense atentamente sobre sus motivos: ¿el uso de estas preguntas será beneficioso para ambas partes? Si las palabras utilizadas por la otra persona no son importantes para el resultado del diálogo, no se moleste en utilizar esta técnica.

Cuando haya desarrollado sus habilidades en las superpreguntas y consiga utilizarlas de manera inconsciente, empiece a observar qué signos le permiten saber que distingue con éxito el uso del lenguaje de otras personas y el momento adecuado para utilizar la superpregunta.

CÓMO ESCUCHAR Y COMPRENDER MEJOR A SU INTERLOCUTOR

Es muy importante ser un buen oyente. Si observa a los demás en diversas situaciones, podrá comprobar cómo la mayoría de gente escucha la mayor parte del tiempo. La mayor parte de nuestro «tiempo auditivo» lo dedicamos a intentar reincorporarnos a la conversación, meditando la próxima exposición o argumento, desviando la vista del orador y observando a nuestro alrededor. A continuación detallamos algunas sugerencias para mejorar las habilidades auditivas.

Contacto visual

No desvíe nunca su mirada de la persona que está hablando. Incluso si no se está dirigiendo a usted es importante mirarle. Preste su máxima atención y utilice su información sensorial para favorecer su interpretación de lo que escucha. No se preocupe por mirar fijamente al orador. Observará que la mayoría de los oradores no miran directamente al oyente en todo momento. Si la otra persona tiene una mirada directa puede estar seguro de que no le preocupará que usted también la tenga.

Lenguaje corporal

Utilice su postura y ademanes para indicar que está escuchando. No hay normas que deban seguirse: simplemente hay que ser naturales. Mucha gente encuentra que inclinarse hacia adelante, hacia el orador, es preferible que inclinarse hacia atrás o hacia un lado. Una mano debajo de la barbilla, el dedo índice levantado tocando la mejilla y la cabeza ligeramente inclinada sugieren una atención fija. Ladee su cabeza hacia la izquierda o la derecha para indicar su interés y empatía. Dé muestras abundantes de aprobación con la cabeza y muestre las expresiones faciales apropiadas para confirmar que está escuchando.

Sonidos

Dado que la mayoría de oradores no miran continuamente al oyente, unos pocos sonidos y frases cortas pueden realzar el proceso auditivo, como, por ejemplo, «ya veo», «ah», «¿de verdad?», «¿lo hizo?», «¿qué pasó?». La risa o los sonidos que sugieran asombro o simpatía animarán al orador durante los breves momentos en que no le está mirando.

Preguntas reflexivas

Las preguntas reflexivas prueban sin lugar a dudas que usted está escuchando atentamente: es imposible utilizar las preguntas reflejas sin hacerlo. Estas preguntas proceden de información anterior obtenida a partir de la conversación anterior del orador y suelen contener sus palabras, sus frases e incluso su entonación.

Patrones lingüísticos

El oyente eficaz reconocerá que el orador utiliza un cierto patrón lingüístico (como, por ejemplo, «estoy harto de él») o una terminología técnica. Observando esto,

el oyente eficaz usará el mismo lenguaje en sus respuestas: «¿Qué es lo que le hace estar harto de él?».

EJERCICIO. Cómo escuchar

1. Empiece por observar cómo escucha. ¿Qué le llama la atención? ¿Qué tipo de distracciones le impiden concentrarse? ¿Utiliza algún estilo auditivo concreto? ¿Escucha de forma especial a la gente que conoce o aprecia? ¿Su estilo cambia si su interlocutor es un cliente, su jefe o un colega?

2. Pruebe a no escuchar. Observe el efecto que tiene sobre los demás. Hágalo tanto en conversaciones cara a cara como por teléfono.

3. Intente igualar su voz con la de otras personas. Hable como lo hacen ellos: rápida o lentamente, alto o bajo. Observe el tono de voz de los demás e imítelo. Observe cómo los demás cambian el tono cuando usted lo hace.

4. Esté pendiente del contenido de la conversación. Observe el nivel lingüístico que utiliza la otra persona. Vea qué sucede si usted no se adapta a él o, por el contrario, si se ciñe estrictamente.

RESUMEN

1. Medite su propuesta desde el principio hasta el fin. Invierta tiempo en la planificación. Póngase en el lugar de la otra persona.

2. En la comunicación cara a cara o por teléfono, las preguntas son su herramienta más valiosa.

3. Aprenda tantos estilos de preguntas como le sea posible. Observe cuáles son más o menos productivos y la forma como responde la gente.

4. Aprenda a utilizar las superpreguntas: cuándo la información se ha extraviado, cuándo la gente contesta con normas aparentes, exposiciones débiles o generalizaciones o cuándo se distorsiona la realidad.

5. Aprenda a suavizar sus superpreguntas. Y utilícelas sólo cuando sean realmente necesarias.

6. Mejore sus habilidades auditivas por medio del contacto visual, del lenguaje corporal y de los sonidos adecuados. El uso de preguntas reflectivas también indicará que usted escucha atentamente.

CAPÍTULO 4

ADAPTAR SUS IDEAS A LAS NECESIDADES DE LOS DEMÁS

*Adoro las fresas, pero cuando voy a pescar
cebo mi anzuelo con lombrices*

DALE CARNEGIE

Después de lo dicho en los capítulos anteriores, vamos a ver cómo puede encajar su mensaje con los valores y las necesidades de la otra persona.

En el capítulo anterior hemos visto cómo la gente está motivada por sus valores y creencias así como por necesidades y deseos más concretos.

Probablemente el principal defecto de muchos vendedores es que no sepan adaptar los beneficios del producto a las necesidades del cliente.

Hace poco tiempo, un amigo quiso cambiar de coche. Durante años había conducido coches de la empresa, especialmente Ford. Ahora trabajaba por cuenta propia y pensó que había llegado el momento en que debía hacer algunos cambios. Dio un vistazo por los alrededores y finalmente se decidió por un Volvo. Un sábado por la mañana se encaminó hacia el concesionario del lugar y mientras estaba mirando, una vendedora se le acercó.

El diálogo se desarrolló más o menos de la siguiente forma:

Vendedora: Buenos días, me llamo Michelle. ¿Está buscando algo en especial o sólo desea echar un vistazo?

David: Hola, me llamo David Ball. Quiero cambiar de coche y pensé que podría venir y ver qué tienen disponible.

Michelle: ¿Por qué no nos sentamos, señor Ball, y así usted podrá explicarme un poco más sobre sus necesidades? A propósito, ¿le apetece un café o prefiere un té? (Le ofrece un café en una taza de plástico que tarda más de diez minutos en enfriarse para poder beberlo.) ¿Qué tipo de coche tiene actualmente, señor Ball?

David: Un Ford 2000 Saloon, un coche de la empresa.

Michelle: Ya veo. ¿Y por dónde va normalmente? ¿Por la ciudad o por el campo, por autopistas o por carreteras comarcales? ¿Se desplaza por motivos laborales o por placer?

David: Suelo utilizarlo por motivos laborales y conduzco por autopistas. Hago unos cuarenta mil kilómetros al año. También lo utilizo en vacaciones.

Michelle: Me hago una idea. Dígame, señor Ball, ¿cuántos pasajeros le acompañan normalmente? ¿Suele ir muy lejos en los periodos de vacaciones?

David: Normalmente vamos mi esposa, mis dos hijos y yo. Alquilamos una finca en el extranjero y solemos llenar mucho el coche.

Michelle: ¿Y qué es más importante para usted, la seguridad o el consumo de combustible?

David: Sin lugar a dudas, la seguridad. Tengo una familia en la que pensar y transporto un equipaje valioso y de gran volumen. Puedo cargar la mayoría de los gastos de gasolina a la cuenta de mi empresa.

Michelle: Ya veo. ¿Y qué me dice de la fiabilidad? ¿Qué importancia tiene para usted?

David: Probablemente es la única consideración importante. Soy un asesor autónomo y tengo plazos fijos que cumplir. No quiero estar preocupado todo el tiempo por las averías. Diría que la seguridad y la fiabilidad son mis principales preocupaciones.

La conversación continuó de esta manera un poco más y después Michelle sugirió ver un coche determinado.

Michelle: Creo que este es el coche para usted, señor Ball. Es un familiar, por lo que podrá llevar fácilmente su voluminoso equipaje. También le ofrece una gran cantidad de espacio adicional para sus largos viajes al extranjero con su familia. La fiabilidad y la seguridad son el sello de la casa Volvo, líder indiscutible en ese campo. Como recomendamos revisiones frecuentes, evitamos problemas futuros, ya que sustituimos las piezas antes de que lleguen a ser un problema.

Este ejemplo muestra cómo pueden utilizarse a la vez varias técnicas de persuasión. Se comienza por indagar cuáles son las necesidades y las preferencias del cliente y se acaba demostrando cómo la propuesta satisface plenamente sus deseos.

¿QUÉ SACA USTED DE TODO ESTO?

¿Cuántas veces ha estado en una reunión o en una conferencia en la que el orador divaga y lo único que usted quiere saber es el beneficio que le reportará su propuesta? El problema es sencillo. La mayoría de nosotros puede llegar a estar muy entusiasmado con una idea o proyecto. Vivimos, dormimos y comemos para ello, por lo que cuando llega el momento de contarlo a otros nos excedemos con los detalles. Recuerdo una vez que compré una radio. Era justo lo que quería, pero el vendedor insistió en sacar la parte trasera del aparato para enseñarme todos los componentes electrónicos que contenía. Era un aficionado a la electrónica. Aquellos circuitos y procesadores realmente estimulaban su imaginación. No puedo culpar su entu- siasmo: simplemente no encendió el mío.

Lo que me enseñó no me interesó demasiado. Todo lo que deseaba saber era si podría escuchar la BBC desde un país del Sureste asiático.

Este problema puede corregirse fácilmente. Todo estriba en diferenciar las características del objeto o de la idea, los beneficios que aportan y las ventajas que posee en comparación con otros.

CÓMO DISTINGUIR ENTRE BENEFICIOS, CARACTERÍSTICAS Y VENTAJAS

Siempre que usted intenta persuadir a alguien estará subrayando los beneficios, las características y las ventajas. No puede evitarlo: en eso se basan sus argumentos. Pero no se preocupe: si organiza bien su discurso, podrá sacar mucho partido de sus palabras. Cada frase puede aportar mayor seguridad y credibilidad a lo que está haciendo.

Sin embargo, cabe tener en cuenta que cada elemento tiene su importancia.

1. Hay que destacar los beneficios que se obtendrán. Hay que procurar que se correspondan con las necesidades y deseos de su cliente.
2. A continuación, y sólo si el cliente lo requiere, se pueden comentar las características técnicas del producto.
3. Por último, hay que destacar las ventajas del producto en comparación con los otros que pueden elegirse. Esta última fase requiere cierta prudencia.

Para entender realmente el valor y la fuerza de los beneficios, las características y las ventajas. será preciso describirlas mejor.

CÓMO IDENTIFICAR LAS CARACTERÍSTICAS

Imagínese que es usted el jefe de mantenimiento de una empresa de ingeniería. Echemos una ojeada a los beneficios, a las características y a las ventajas y a cómo pueden utilizarse para desarrollar un argumento apropiado con el cual convencer a subdirectores. Hay dos fábricas en la localidad, una con cuarenta y cinco trabajadores y la otra con treinta y dos. Se hace café o té dos veces al día en una cocina central. Hay un hervidor de agua, un fregadero, alacenas para las provisiones y estanterías en las que se almacenan las tazas y las copas. Cada sección, de unos ocho trabajadores, hace un descanso por la mañana y otro por la tarde, escalonado para evitar encontrarse con otras secciones. Cada semana se asigna a una persona la tarea de preparar el té o el café para su sección.

Una empresa de máquinas de bebidas se ha dirigido a usted. Observan varios defectos en su sistema actual:

✔ pérdidas de tiempo (preparación, lavado);

✔ poca higiene (tazas agrietadas, lavado incorrecto);

✔ peligro (roturas de material);

✔ cansancio (los trabajadores están obligados a turnos de descanso establecidos);

✔ pérdidas de dinero (gastos excesivos, ingredientes utilizados, utensilios).

Usted está de acuerdo con sus argumentos y cree que puede utilizarlos para convencer a sus directores para que hagan el cambio. La empresa de máquinas de bebidas propone instalar cuatro en el lugar adecuado. Cada una de ellas dispensaría diferentes tipos de bebidas durante todo el día. Las consumiciones se servirían en vasos de plástico, ribeteados y cónicos de color café.

Examinemos las ocho características principales de estos vasos de plástico:

- Cuestan 1 peseta.

- Miden 10 cm de altura.

- Son de forma cónica.

- Hechos con plástico.

- Son de color café.

- Su superficie es rugosa.

- Son desechables.

- Son de producción local.

Todas estas características son los aspectos técnicos. Incluso si los directores no están de acuerdo con su propuesta de instalar una máquina de bebidas, las características técnicas de estos vasos no cambiarán.

Las características se convertirán en beneficios sólo cuando se haya aceptado la propuesta. Es imposible beneficiarse de algo hasta que no se ha adquirido, utilizado y probado. El problema de la mayoría de vendedores es que están tan familiarizados con las características de sus propuestas que se olvidan de convertirlas en beneficios atractivos para la otra persona.

CONVERTIR LAS CARACTERÍSTICAS EN BENEFICIOS

Conocer todas las características de nuestra propuesta o idea es muy importante. Tal vez le pidan que demuestre lo que dice, y las características son la mejor manera de afianzar sus conclusiones. Sin embargo, también hay que ser muy cautos y saber callar a tiempo. La única manera de conseguir que su cliente se interese por lo que está diciendo es dejarle entrever los beneficios que obtendrá si acepta su proposición y de qué manera se adecuan a las necesidades que desean satisfacer.

Si es preciso mencionar las características, procure que no se le olvide ninguna e intente relacionarlas. Así, por ejemplo:

«Estas tazas están hechas de plástico (característica del producto), lo que significa que son mucho más higiénicas que las tazas y reducirán las enfermedades y el absentismo laboral (beneficio)».

También puede decir:

«Estas tazas de plástico son de forma cónica (característica del producto), por lo que pueden apilarse para reducir el espacio de almacenamiento (beneficio)».

EJERCICIO. Traducir las características en beneficio

1. Usted continúa siendo el jefe de mantenimiento de la empresa del ejemplo anterior. Imagínese que está preparando sus argumentos para conseguir que se compre una máquina de bebidas y que deberá presentar en la reunión semanal con el director.

Los suministradores de máquinas de bebidas le han proporcionado una larga lista de características de la cual se sienten muy orgullosos. Usted reconoce que, aunque puede ser de ayuda a la hora de reforzar su propuesta, es tan larga que aburrirá a todos si la lee en voz alta. Una exposición prolija puede fácilmente restar solidez y atractivo a sus argumentos.

2. Tome la lista de características y coloque al menos dos beneficios relativos al lado de cada una de ellas:

1 pta. por taza	....	....
10 cm de altura	....	....
Forma cónica	....	....
Hecha de plástico	....	....
De color café	....	....
Ribeteada	....	....
Desechable	....	....
De fabricación local	....	....

3. Utilice este modelo la próxima vez e intente convencer a alguien. Haga una lista de las características de la propuesta y luego añada los beneficios y las ventajas.

NB. Este modelo sólo funciona si usted está familiarizado con las necesidades y los deseos de la persona a la que intenta convencer. No intente adivinarlas: encuéntrelas primero.

LOS PELIGROS DE LAS VENTAJAS

En primer lugar, ¿qué entendemos por «ventaja»? El diccionario de la Real Academia la define así:

Ventaja: Superioridad o mejoría de una persona o cosa respecto de otra. Excelencia o condición favorable que una persona o cosa tiene.

Su propuesta incluye características y beneficios adicionales a una propuesta alternativa. Usted está sugiriendo una nueva forma de hacer las cosas, un enfoque distinto. Pero hay una alternativa. ¿Preferirá la otra persona la alternativa? ¿Es esta una cosa con la cual están familiarizados, contentos, confortables? Incluso si su propuesta es:

✔ más económica;

✔ más rápida;

✔ más fácil;

✔ una mejora;

✔ más pequeña;

✔ más amplia;

✔ menos distante;

✔ garantizada;

✔ más accesible;

✔ más popular.

No existe la certeza de que obtendrá la aclamación universal. ¿Por qué no? Tiene muchas ventajas que ofrecer, ¿seguro que no fracasará?

Hay diferentes razones posibles:

- Están contentos con su situación actual. ¿Por qué cambiar?
  La situación puede empeorar. Lo mejor es buscar algún tipo de acuerdo que les permita mantenerse en las mismas condiciones.

- Están de acuerdo con todo lo que usted dice, y además supera notablemente sus previsiones. ¿Por qué no hicieron la primera vez lo que les está diciendo? ¿Qué pensarán su jefe o su pareja si cambian repentinamente de opinión? ¿No serán puestas en duda sus opiniones? Lo mejor es quedarse como están.

- Están poco convencidos con los beneficios finales. «¿Nos ahorraremos esfuerzos por cuatro millones de pesetas? ¡Es demasiado! Estoy convencido de que el coste será superior si seguimos adelante.»

- Demasiados problemas. «No vale la pena asumir tantas molestias.»

- Terquedad. «Me doy cuenta de que dispone de buenos argumentos pero no quiero cambiar. Eso es todo. Lo siento.»

La forma con la cual usted revela sus ventajas pueden determinar su éxito final. La frases que molestan a los demás son parecidas a las siguientes:

- No entiendo por qué insiste en el sistema antiguo cuando el mío es mucho mejor.

- Piense sólo en todo el tiempo que ahorra.

- Esta manera de hacer las cosas es anticuada. Necesita modernizarse, actualizarse.

- Todo el mundo lo hace de esta forma; tarde o temprano verá la luz.

No caiga en el error de pensar que estos comentarios sólo causan risa. He oído cada una de estas declaraciones. Todas ellas intentan modificar la percepción de la otra persona, animarla para que reconsidere viejas ideas. Sin embargo, todo lo que han conseguido es mantener con más energía las viejas ideas, aunque sean insoportables. En otras palabras: «Sé que tiene razón pero, si no le importa, me quedo con lo mío.»

CÓMO PRESENTAR LAS VENTAJAS

Piense con cuidado antes de presentar las ventajas de sus ideas. Estará haciendo comparaciones con otras posibles soluciones, incluida la de no hacer nada. Si quiere evitar que otras personas se mantengan firmes y rechacen

cambiar de opinión (incluso cuando saben que está usted en lo cierto), debe exponer las ventajas con mucho cuidado. Aquí tiene algunas sugerencias que a lo mejor querrá probar la próxima vez que necesite tener más éxito a la hora de convencer a alguien de las ventajas de su propuesta. Observará que las dos preguntas obligan a la otra persona a examinar las posibilidades de un éxito beneficioso.

- Si se hace de esta manera, se ahorrará aún más tiempo, pero ¿cómo beneficiaría esto a su departamento?

- ¿Qué sucedería si pusiese a prueba mis demandas durante un periodo de tres meses para que ustedes puedan comprobar que los ahorros adicionales son muy atractivos?

EJERCICIO. Presentar las ventajas

1. Está a punto de entrar en la reunión semanal con los directivos. Usted es plenamente consciente de las características y de los beneficios que ofrece su propuesta. Los directivos están preocupados por el tiempo empleado en hacer café y té. También creen que el sistema actual de almacenamiento y lavado son poco higiénicos.

2. ¿Qué ventajas proporcionaría la instalación de una máquina de bebidas?

3. Haga una lista con las tres ventajas principales.

4. ¿Cómo las presentaría a sus superiores? Escriba las frases que utilizaría.

Otro sistema para probar las ventajas consiste en animar a los demás a que comprueben por sí mismos la validez de sus declaraciones. «Joe no confiaba en las ventajas, por lo que le sugerí que llamara a Julia y hablara con ella para que lo comprobara por su cuenta. ¿Por qué no la llamas tú mismo?»

RESUMEN

1. Un buen negociador distingue perfectamente los beneficios, las características y las ventajas, y utiliza cada una de ellas en el momento adecuado.

2. Los beneficios son los que satisfacen las necesidades y deseos del cliente.

3. Las características son los detalles técnicos que pueden satisfacer las necesidades y ofrecer pruebas de la validez del proyecto.

4. Las ventajas son los beneficios adicionales que ofrecen sus propuestas cuando se comparan con propuestas alternativas.

5. El uso excesivo de las ventajas puede crear un rechazo. La gente puede mantenerse firme y mantener las decisiones previamente tomadas, aun en el caso de que estas sean insostenibles.

Capítulo 5
DESARROLLAR LA RELACIÓN

Dos terceras partes de los acuerdos económicos europeos, valorados en más de 6,5 millones de dólares, se cierran durante un partido de golf.

KAPITAL (revista alemana de economía)

El principal factor para influenciar a otras personas es la relación directa. En este capítulo se examinan las formas mediante las que debe desarrollarse un encuentro y cómo este proceso puede servir para mantener su éxito como persona influyente.

Cerca de donde vivo hay dos bares. Uno vende cervezas de calidad y sidra el otro sólo vende los productos que le sirve un cervecero. Los parroquianos y los camareros de ese bar son simpáticos y muy amables. Este es el motivo por el que voy a este bar y no al que vende mejor cerveza. Así, pues, ¿qué es lo que determina mi decisión: la buena cerveza o

la gente que frecuenta el bar? La mayoría de nosotros basa sus decisiones de este tipo en el factor humano. Si nos cae bien un vendedor, le compraremos. Si no nos cae bien, podemos pasar sin su producto. Si nos causa alguna molestia, encontraremos a otro que nos caiga bien y haremos el trato con él.

Por lo tanto, si la gente compra así, ¿se pueden aislar los factores humanos importantes para considerar cuándo podemos intentar influenciar a los demás? Es fácil y difícil a la vez. Fácil porque todos nosotros somos capaces de trabar una relación con unas personas mejor que con otras. Difícil porque la mayoría no se molesta en analizar las razones por las que tiene o no unas relaciones armoniosas. Si nos detuviéramos por un momento a estudiar nuestros procesos evolutivos descubriríamos que todo se reduce a una sola cosa: una buena relación.

Un trato amable ayuda a llevar hacia delante cualquier proyecto. Es una de las cualidades que deben tenerse más en cuenta, ya que es mucho más importante que nuestro conocimiento del tema, la disponibilidad del mercado o la habilidad de persuadir. Una buena relación permite hacer más agradable el encuentro y disipar las tensiones. Desde el momento en que nos levantamos de la cama hasta que volvemos a apoyar nuestra cabeza en la almohada, la mayoría de nosotros estamos en contacto casi constante con otras personas. Y sin una buena relación que prepare el camino para nuestras negociaciones, se pueden perder muchas ocasiones.

El promedio de amistades que puede tener una persona no pasa de doce. Aunque parezca poco, es más que suficiente. ¿No se lo cree? Deténgase ahora, coja un trozo de papel y empiece a hacer una lista de sus amigos. (Un amigo es alguien con el que puede confiar plenamente en momentos de crisis real; alguien que le prestaría dinero y que le ofrecería un lugar en su hogar por un periodo indefinido.) ¿Cómo le ha ido? Si usted ha contado más de seis, considérese afortunado: amigos no le faltan.

Los amigos son aquellas personas con las que usted tiene mayor confianza. Una relación armoniosa en la cual usted se siente inmediatamente confortable. No se exige de usted o de los demás un comportamiento especial. No es necesaria ninguna actitud o precaución: cada vez que se encuentran uno con otro se sumergen en una asociación duradera y atractiva con facilidad y alegría. El tiempo ha desgastado los márgenes desiguales de su relación inicial. Igual que la prendas de ropa preferidas, o una silla confortable, sus amistades verdaderas perduran en el tiempo.

¿No sería magnífico si usted pudiera introducirse tan fácilmente dentro de sus relaciones sociales o de negocios? Sólo piense lo rico que usted sería, material y espiritualmente, si todas las personas a las que usted tiene que persuadir, convencer e influenciar fuesen tan confortables como sus propios amigos. Es posible desarrollar una confianza temprana y duradera con otros con un esfuerzo extraordinariamente pequeño. Todo lo que necesita es entender exactamente lo que hace que algunas de sus relaciones personales sean exitosas, y trasladar estas habilidades naturales a todas las demás relaciones. Un conocimiento completo de su don de gentes innato le permitirá trasladar estas habilidades directamente a cualquier relación. Antes de descomponer estas técnicas instintivas en ejercicios que permitan un aprendizaje más profundo, examinemos algunas áreas básicas de la comunicación comercial (y social) que pueden requerir el desarrollo de una buena relación.

Es mucho más sencillo influenciar el cambio en los demás si usted:

✔ es capaz de crear relaciones sólidas y duraderas con facilidad y rapidez;

✔ comprende cómo su personalidad encaja con los demás;

✔ es consciente y utiliza la comunicación no verbal básica.

ESTABLECER RELACIONES SÓLIDAS

¿Cuántas veces ha caminado por una habitación llena de extraños e inmediatamente ha realizado juicios sobre ellos? ¿Quién le agrada? ¿Con quién es más probable que se sienta cómodo? ¿Quién es la persona más atractiva? Casi todos hacemos esto en la mayoría de las ocasiones. Después de todo, sólo somos humanos. Tomamos decisiones sobre el resto de la humanidad basadas en nuestra «infalible» habilidad de leer en las personas como si fueran un libro.

Al principio, todo funciona según un plan. Damos círculos uno alrededor del otro para dar el primer paso y comenzar a comunicarnos. A lo mejor, la otra persona conoce los mismos movimientos, y por un momento, los dos marchamos al mismo compás. Pero entonces cambia la melodía y otros desean unirse. Descubrimos que nuestra primera impresión es incorrecta. A lo mejor ligeramente incorrecta; algunas veces totalmente equivocada.

Este es un fenómeno habitual. La razón por la cual hacemos tantos juicios erróneos sobre otras personas es porque, en la fase inicial de la relación, la gente con frecuencia es indulgente con el otro para desarrollar la relación más rápidamente. Usted acaba de conocer a otra persona. Entabla una conversación y pronto descubre que la otra persona le cae bien. Parece que a él también le gusta su compañía. Charlan sobre la obra que ambos vieron en televisión la noche anterior (la mejor obra que usted había visto desde hacía mucho tiempo). Resulta que su nuevo conocido pensó que la obra estaba pobremente escrita y mal interpretada.

«Sí», se encuentra usted mismo medio asintiendo, «la actuación no fue tan buena y puede que a veces el texto fuese un poco pobre».

Sólo unos breves momentos de relación y usted ya está preparado para bajar el tono a algunas creencias y actitudes. Usted está modificando las ideas más radicales, suprimiendo algunos de sus pensamientos más desenfrenados. Es muy frecuente que la gente haga esto para continuar avanzando durante esta delicada fase de formación. Pero, ¿hace siempre usted esto con la gente en el trabajo o con los vecinos? Mucha gente piensa que es más importante tener una buena relación con la gente fuera del trabajo que en los negocios. ¿Por qué deberíamos modificar nuestras creencias más queridas delante de un nuevo cliente? Después de todo, probablemente no escogeríamos estar con él en una situación social. La respuesta a este dilema habitual es sencilla. Es preciso no volver a comprometer su posición nunca más.

Suponga que los demás dicen algo con lo que usted no está de acuerdo. Una opinión política, a lo mejor, o un comentario negativo sobre una tercera persona. En el futuro, en lugar de mencionar sus argumentos arriesgándose a originar un conflicto en la primera fase de formación de la relación, aprenda a ver siempre las cosas desde el punto de vista de los demás.

CUANTOS MÁS PUNTOS DE VISTA POSEA, MEJOR

La persona que en cualquier conversación pueda desarrollar la mayor variedad posible de puntos de vista podrá llevar hasta el final sus propuestas y proyectos. Para entender este concepto, tome como ejemplo un sistema de calefacción central doméstico: una caldera grande y potente calentada por gas, unos radiadores unidos por una larga red de tuberías de cobre, un tanque de agua caliente, uno o dos radiadores para toallas, etc. ¿Qué controla el sistema? ¿El tamaño de los radiadores? ¿La longitud de las tuberías? ¿La presión del gas? Nada de todo esto: el termostato es el que regula la temperatura y la presión de la caldera. La parte más pequeña es la que dirige todo el aparato.

Trate de ver las cosas desde puntos de vista distintos:

✓ el nuestro;

✓ el de nuestro interlocutor;

✓ el de otra persona que observe la conversación.

Es demasiado sencillo ver las cosas solamente desde nuestro propio punto de vista. A partir de ahora puede encontrarse usted mismo respondiendo con expresiones como «entiendo por qué piensa esto, señor Garrison», «veo su punto de vista», «sí, es comprensible». Cuando haga esto, usted no estará transigiendo, estará mostrando empatía.

Más tarde, cuando usted conozca a una persona más a fondo, podrá mostrar mejor sus opiniones. De hecho, deberá hacerlo. Pero evite la tentación en la fase inicial de formación, especialmente en una relación de negocios.

Las relaciones a largo plazo pasan por tres, y a veces cuatro, fases distintas:

✔ formación;

✔ desarrollo;

✔ consolidación y un mayor desarrollo de nuevos niveles de comprensión;

✔ ruptura.

Naturalmente, como persona persuasiva y flexible, usted querrá establecer relaciones sólidas, alcanzar la fase de consolidación tan pronto como pueda y mantener ahí la relación tanto tiempo como le sea posible, sin llegar jamás a la fase de ruptura.

DESARROLLAR Y CONSOLIDAR UNA RELACIÓN COMERCIAL

El establecimiento de relaciones de negocios lo antes posible es bastante sencillo: siga las normas de ser siempre flexible y evitar las contestaciones del tipo «sí, pero».

Se requiere mucho trabajo y mucho esfuerzo a la hora de entrar en las fases de desarrollo y consolidación de una nueva relación.

Anteriormente hemos aprendido a aplicar nuestro don de gentes innato en la fase de formación de una nueva relación. Ahora, necesitamos precisamente comprender cuáles son las habilidades que hacen que sus relaciones personales florezcan y sobrevivan al paso del tiempo. Estas habilidades también pueden ser aplicadas en todas las relaciones comerciales. Aunque la mayoría de nosotros ha desarrollado una serie de estratagemas para establecer una buena relación con quien nos interese, existen tres técnicas principales para desarrollar y consolidar sus relaciones:

✔ reúnase con su interlocutor con frecuencia;

✔ muéstrese tal como es;

✔ descubra las cosas que tienen en común.

Reunirse con frecuencia

Mi esposa y yo tenemos algunos buenos amigos que viven en el otro extremo del país, a unas seis horas en coche. No nos vemos con demasiada frecuencia, como mucho una o dos veces al año. La última vez que nos vimos, Jane y Peter observaron cómo nuestra relación siempre se mantenía como en el primer día. Continuaron observando que teníamos una conversación sin fisuras que perduraba a través de los años. No obstante, la realidad es bien distinta: nuestra relación se encuentra en un punto muerto.

Peter y Jane han cambiado a lo largo de los años, al igual que mi esposa y yo. Los acontecimientos, la madurez y el desarrollo, incluso la muerte, han hecho mella en nuestras vidas separadas. Cuando nos vimos en uno de nuestros poco frecuentes encuentros, estos acontecimientos tan importantes no habían sido compartidos y, por lo tanto, poco a poco tuvimos menos vivencias que compartir. No hemos madurado unos al lado de los otros, sino que lo hemos hecho por separado. Cada vez tenemos menos en común. La pareja por la que habíamos hecho el viaje se había convertido en otra muy distinta y cada vez teníamos menos que decirnos.

Sin duda, cuantas más oportunidades tenga para encontrarse con los demás mayores serán las posibilidades de desarrollar una relación duradera. Siempre estará al tanto de sus movimientos y podrá tener una incidencia mayor en ellos. Podrá reaccionar con mayor rapidez a estas circunstancias mediante sugerencias adecuadas. La confianza no tiene por qué ser ningún problema.

Uno de mis clientes, una compañía de seguros de vida, vende sus productos a través de una red de agentes. Recientemente, estaba hablando con una cliente, y le pregunté: «¿Qué le hizo escoger Osborne Life?». Sin titubear, contestó: «Gary. Él fue la razón de que eligiera Osborne». Intrigado, la interrogué un poco más. «¿Y qué es lo que hizo Gary que la impresionó tanto?» La agente de seguros hizo una pausa, y sonrió ampliamente: «No fue tanto lo que hizo sino lo que no hizo. No se dio por vencido». Continuó: «La primera vez que le vi, fui bastante brusca con él y le dije que saliera de mi despacho. La segunda vez estuvo un poco más y hablamos durante un rato. No sobre los seguros Osborne Life, ni sobre mis negocios, ni tampoco sobre economía. Descubrimos que ambos jugábamos a *squash* en el mismo centro deportivo. Conocíamos a las mismas personas. Pero aún volví a decirle que no me molestara más ya que estaba muy satisfecha con el trato comercial que mantenía con otra compañía de seguros de vida».

Suavemente, inquirí un poco más. «Evidentemente, no se alejó.» «No», contestó, «no lo hizo». Parece ser que, dos semanas más tarde, ella entró en el despacho y descubrió a Gary sentado allí, hablando con una de las administrativas. Parece ser que Gary había descubierto que la administrativa no estaba segura sobre un cambio reciente en la legislación de los servicios financieros y se lo estaba explicando desde el principio hasta el fin. Dándose cuenta de ello, le hizo entrar en su oficina. «Posteriormente, Gary me contó que tenía miedo de que le reprendiera por molestar a mi personal. En lugar de ello, hablamos detalladamente sobre el acta de servicios financieros, su filosofía de ventas e, inevitablemente, sobre la compañía de seguros Osborne Life. El resto es historia. Cuando decidí cambiar de compañía, no compré a Osborne Life Assurance, compré a Gary.»

Por lo tanto, la perseverancia vale la pena. Mientras se consolida la relación, influenciar a otras personas se convierte en algo natural y no se necesita presionar.

Mostrarse tal como se es

A casi todos nos gusta la gente que es como nosotros. Basta con que coincidan en una sala un número no muy grande de personas para probarlo; acabarán juntándose en pequeños grupos en los que sus componentes tengan algo en común: la educación, los intereses, las creencias, el sexo, el trabajo, etc. ¿Pero, cómo llegamos a saber lo suficiente de los demás parar decidir si queremos estar en su compañía?

Nos mostramos tal como somos. La mayoría de las relaciones que se desarrollan llegan a un punto en que una u otra parte siente la necesidad de revelar aspectos de su vida a la otra persona. Esto puede suceder de forma verbal, en los que una afirmación puede servir para que nuestro interlocutor se interese e intente informarse un poco más. De forma más sutil, una frase introducida en otra puede ocasionar una respuesta reveladora. «Hace unos años, cuando trabajaba en la venta al por menor…» «No sabía que habías trabajado en el comercio al por menor. ¿Cuándo fue eso...?»

A lo mejor usted lleva una insignia o una prenda que indican que usted es miembro de un club, tiene algún interés especial o profesa alguna religión. Si es así, se está mostrando a los demás.

De ahora en adelante, observando atentamente el comportamiento de su interlocutor, descubrirá que tal vez comparta alguna afición o que quizá tenga algún interés en común con él.

Afinidades y gustos comunes

Ya hemos visto que muchas personas sienten una cierta simpatía por otras personas que en cierta manera son como ellos. Este fenómeno forma parte de lo que se conoce como «adaptación». No es habitual que una persona que tiene pocas cosas en común con otra pueda estar en su compañía durante demasiado tiempo. Los intereses mutuos, las ideas, los valores y las creencias son la trama y la urdimbre de la interacción social y nos ayudan a atarnos los unos a los otros. Es bastante sencillo conseguirlo cuando nuestro interlocutor pertenece al mismo nivel social, pero mucho más difícil cuando se trata de un cliente de clase mucho más alta que la nuestra y con el que no tenemos nada en común.

La adaptación puede ser social o económica, y puede alcanzarse mediante la actitud, la educación o la experiencia personal. Es poco frecuente que dos personas no busquen afinidades y parecidos entre sí. A todos nosotros nos encanta crear categorías para clasificar y evaluar a las personas con las que nos encontramos. Una conversación de adaptación puede ser la siguiente:

Usted: Decía que se va al Lake District por un largo fin de semana. ¿Puede dejar los negocios con bastante frecuencia?

Interlocutor: No, esta es la primera vez en un año. Nuestra hija nació el pasado marzo, y ahora podemos empezar a salir un poco más.

Usted: Tengo una hija de seis meses y conozco la situación. ¿A dónde van?

Interlocutor: A New Ullswater. ¿Lo conoce?

Usted: Sí, muy bien. Tenemos una vecina que tiene una casa allí y a veces nos la ha alquilado.

Interlocutor: ¡Ah, vaya! ¿Sabía que nosotros hace tiempo que estamos buscando alguien que nos pudiera alquilar una casa? Siempre vamos a un hotel y nos gustaría tener más intimidad.

Todo esto puede parecer inventado, pero si piensa en conversaciones que haya tenido con desconocidos, la vida real es mucho más sorprendente que cualquier conversación que pudiéramos soñar. Recientemente, volaba de Londres a Kuala Lumpur, vía Singapur. En la etapa del viaje de Londres a Singapur, me senté al lado de una mujer que trabaja para un cliente mío del Reino Unido. Naturalmente, estuvimos hablando y encontramos que teníamos muchos conocidos en común por medio de su trabajo. Unas horas después, en la etapa del viaje de Singapur a Kuala Lumpur, me senté al lado de un hombre que resultó ser el vicepresidente en Hong Kong de uno de los mayores grupos aseguradores del mundo. Después de sólo unos minutos de conversación, descubrimos que teníamos un amigo en común que trabajaba para otra compañía aseguradora. Desde entonces me puse en contacto con su amigo e inicié una correspondencia comercial con él.

¿El mundo es pequeño? Sin duda. ¿Cuantas posibilidades existen, primero de que estas personas viajasen a bordo de los dos mismos aviones que yo, y segundo, de que me sentase al lado de ellos?

Nunca los habría conocido si no hubiese decidido entablar una conversación.

RESUMEN

1. El factor más importante para persuadir y convencer a alguien es una buena relación.

2. Una buena relación personal y profesional permite entablar una conversación mucho más rica e interesante.

3. Mire las cosas desde tres puntos de vista: el suyo, el de su interlocutor y el de un tercero ajeno a sus asuntos.

4. Evite la tentación de poner en duda valores y creencias profundamente arraigadas. El arte de la persuasión consiste en animar a los demás a que se cuestionen sus propios puntos de vista y generen ellos mismos los cambios.

5. Reuniéndose con los demás con la mayor frecuencia posible, usted consolidará la relación que ha establecido y desarrollado. Esto ayudará a crear las oportunidades para reforzar la necesidad que ellos tienen de usted y de sus ideas e influencia.

6. Una persona sólo se muestra tal como es porque desea que usted le pregunte para ver qué tienen los dos en común. Un buen conversador debe descubrir las afinidades de su interlocutor de inmediato. Hay que buscar las similitudes y esforzarse por minimizar las diferencias. Este es el método de los mejores vendedores del mundo.

Capítulo 6

COMPRENDER
LA COMUNICACIÓN NO VERBAL

> *El sentido de su comunicación es la respuesta que obtiene de los demás. Si usted observa que la reacción no es la que usted desea, modifique lo que está diciendo o haciendo hasta que consiga la respuesta adecuada.*

No es tan importante lo que se dice como la manera de decirlo. Este capítulo muestra cómo y por qué el lenguaje corporal apoya o contradice las palabras que usted utiliza, y cómo puede aguzar sus sentidos para interpretar el lenguaje corporal de los demás y saber si sus ideas han convencido a sus oyentes o no.

El debate presidencial televisado en 1960 entre Richard Nixon y John F. Kennedy dice más sobre la comunicación no verbal que cualquier documental que trate el tema. Todos aquellos que oyeron el debate por radio o los que leyeron su transcripción en los perió-

dicos opinaron que Nixon estuvo mucho mejor que Kennedy. La gente que siguió el debate en vivo o por televisión opinó de forma diferente. La interpretación fue realzada y modificada por medio de la visión de las señales del lenguaje corporal que acompañaron las palabras y los tonos de voz.

Se ha escrito mucho sobre la interpretación y la utilización del lenguaje corporal en la comunicación persuasiva. No es mi intención tratar detalladamente el lenguaje corporal; es suficiente resaltar su importancia y destacar uno o dos puntos. Hay disponibles un gran número de buenos libros sobre el tema. Tan sólo delinearé la importancia de algunos aspectos.

La investigación realizada en las dos últimas décadas en las universidades británicas y especialmente en las estadounidenses ha demostrado que los elementos no verbales de la comunicación desempeñan un papel mucho más importante de lo que se había pensado. Todos estos estudios coinciden en afirmar que el aspecto no verbal pesa más que el verbal tanto en precisión como en validez. El lenguaje corporal y el tono de voz tienen una enorme influencia cualquiera que nos esté escuchando. Su importancia no sólo es comunicativa: es muy difícil corregir o atenuar la mala impresión que ha provocado uno de nuestros gestos en el oyente. Todos conocemos lo difícil que es librarnos de cualquier sentimiento negativo arraigado que podamos abrigar sobre otra persona.

La comunicación verbal cara a cara no se desarrolla en el vacío. Las palabras y los tonos de voz que escogemos siempre van acompañados de movimientos corporales complementarios, en especial la postura y las gesticulaciones. Los pensamientos subconscientes y sublimados son expresados abiertamente en las posturas y los gestos que acompañan a nuestras palabras. Las personas con una buena agudeza sensorial y empatía recogerán estas señales inconscientes y extraerán conclusiones de ellas. Particularmente, las mujeres parecen más sensibles a estos mensajes personales subliminales, como así se ha podido demostrar (Víctor Hugo dijo una vez que, mientras que los hombres tienen previsión, las mujeres poseen intuición).

Si consiguiésemos ser un poco más consciente de nuestro comportamiento no verbal y del de los demás, nuestros intentos de comunicación serían mucho más eficaces por ambas partes. Tan sólo ha de tenerse en cuenta que la interpretación válida del lenguaje corporal únicamente puede hacerse a partir de un grupo de gestos, es decir, a partir de un conjunto de movimientos interrelacionados —postura corporal, manos y brazos, pies, cabeza, así como la expresión facial—. Antes de embarcarse en su comunicación persuasiva considere cómo quiere ser visto por la otra persona. Hágase algunas preguntas sobre cómo quiere que le perciban:

- ✔ confiado;
- ✔ relajado;
- ✔ dinámico;
- ✔ sereno;
- ✔ entusiasmado;
- ✔ honesto.

EJERCICIO. Crear su propia imagen

Imagínese que usted tiene una importante reunión con una persona a la que en cierta manera desea influenciar. Dispone de su total atención durante media hora.

1. ¿Qué impresión le gustaría que esta persona se llevara de usted cuando se fuera?

2. ¿Cómo controlará y utilizará su postura corporal para realzar la forma con la que desea ser visto?

3. ¿Cómo controlará sus gestos? ¿Cuáles serán vistos cómo los más apropiados?

4. ¿Cómo y dónde se sentará o permanecerá de pie?

5. ¿Cómo controlará y utilizará sus expresiones faciales?

CÓMO USAR EL TONO DE VOZ APROPIADO

Hace unos años mi hijo se enfrentó a su abuela: imagínese la escena. Una mujer anciana llena de autoridad sobre un niño pequeño, agitando el dedo. La desaprobación se había adueñado de su rostro, parecía como si intentara negociar:

—Eres muy travieso, ¿verdad?
—Sí —contestó Sam, sonriendo hacia ella.
Ella ríe y le alborota el cabello.

¿Qué está sucediendo exactamente? ¿Cómo puede el niño malinterpretar la reprimenda? Ella sonríe y su voz es armoniosa.

Cuando leemos las palabras de la abuela no podemos escuchar el tono de voz que adoptó. Tenía una sonrisa, una armonía en su voz. El final de la frase se elevó e indicó su aprobación y satisfacción a su nieto «travieso». La comunicación es mucho más que las palabras que decimos. Esto forma solamente una pequeña parte de nuestra expresividad como seres humanos. Por ejemplo, la investigación nos muestra que cuando conocemos a alguien por primera vez sólo el 7 % de nuestro impacto inicial sobre los demás viene determinado por el contenido de lo que decimos. El otro 93 % de nuestro mensaje está formado por el lenguaje corporal (55 %), y por el tono de nuestra voz (38 %) (figura 1).

Cuando intentamos comunicarnos con alguien, debemos asegurarnos de reforzar con el lenguaje del cuerpo y la entonación de la voz el mensaje que deseamos expresar.

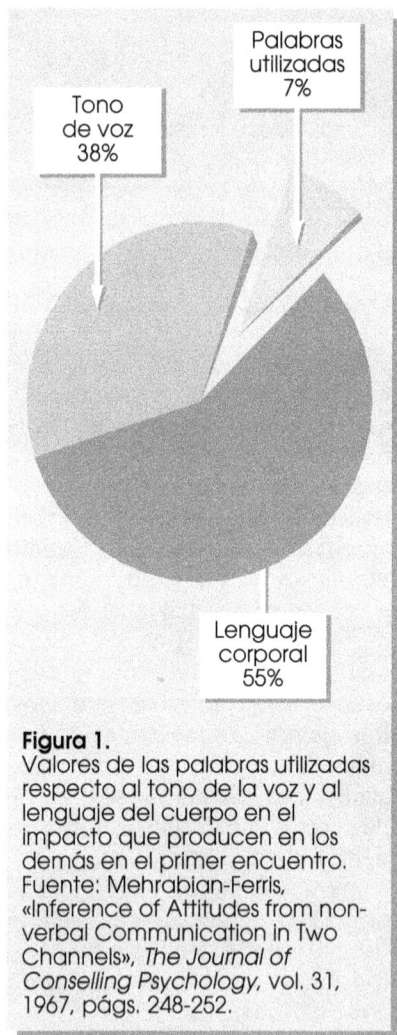

Figura 1.
Valores de las palabras utilizadas respecto al tono de la voz y al lenguaje del cuerpo en el impacto que producen en los demás en el primer encuentro. Fuente: Mehrabian-Ferris, «Inference of Attitudes from non-verbal Communication in Two Channels», *The Journal of Conselling Psychology*, vol. 31, 1967, págs. 248-252.

OBSERVAR LA REACCIÓN A NUESTRO MENSAJE

¿Cuántas veces no ha encontrado a un amigo y ha sido capaz de notar cómo se encuentra exactamente antes de decir una sola palabra? A lo mejor usted no sabe por qué se encuentra de esta manera; solamente sabe cómo está. Expresiones como «lo llevaba escrito en la cara» o «si las miradas matasen» son muy conocidas e indican el poder del conocimiento sensorial. Unas personas son mejores que otras obteniendo información de esta manera. Para algunos de nosotros representa un nuevo canal de comunicación. Evidentemente, puede ser peligroso apresurarse en sacar conclusiones. Tengo un amigo que camina con una expresión permanente de preocupación en su rostro. La primera vez que le vi lo noté y le preguntaba: «¿Te encuentras bien? ¿Hay alguna cosa que pueda hacer para ayudarte?». Siempre respondía sorprendido, diciendo que no le pasaba nada. Al cabo de un rato empecé a darme cuenta de que este era el caso: sólo parecía preocupado.

Observe cómo responden los demás a su influencia, anotando tantos datos como sea capaz, y después obsérvelo una segunda y tercera vez. Cuando usted está seguro de que sus apreciaciones son correctas puede actuar con más seguridad. Realzar sus habilidades naturales le ayudará a predecir con mayor precisión cómo responderán los demás a sus sugerencias. Tan pronto como usted sea habilidoso en predecir la respuesta posible puede empezar a escoger las palabras que lograrán esta respuesta.

Siempre que nos comunicamos con los demás obtenemos una reacción. Incluso si no dicen nada y se separan de nosotros podemos interpretarlo como un mensaje. Una de las habilidades más inestimables de las personas persuasivas es el «conocimiento sensorial», la habilidad de utilizar todos los sentidos para leer las reacciones que producen sus mensajes sobre los demás. (El llamado «sexto» sentido no es más que la impresión que suscita en nosotros el caudal de información suministrado por los otros cinco). Si observamos una reacción positiva, esta nos anima a ir más allá. Si no lo es, modificamos nuestra aproximación hasta conseguir la reacción deseada.

La mirada

Todos sabemos que cuando alguien está mintiendo (o alterando la verdad) evita las miradas de los demás. O, precisamente porque lo sabe, se pasa todo el tiempo mirando fijamente a nuestros ojos diciendo «no, honestamente .... de veras... es la verdad».

Cuando está hablando con un amigo o con un colega empieza a notar que algo pasa a los músculos de las órbitas de los ojos. Observe cómo los pliegues inferiores de los párpados se hinchan cuando sonríe o ríe sinceramente, cómo sus ojos se estrechan cuando siente curiosidad por lo que usted acaba de decir y cómo sus pupilas se dilatan cuando su reacción es la deseada.

La boca

Rodeada por numerosos músculos diminutos, la boca es posiblemente una mina de información adicional, ofreciendo pistas inestimables de las respuestas de la gente. Observe cómo la gente logra ocultar su boca siempre que está distorsionando la verdad. Pueden hacerlo de una forma entusiasta, cubriéndola con la mano. O a lo mejor es un ligero toque al final de su nariz, tan rápido que lo perderá en un abrir y cerrar de ojos.

Observe cómo una boca se contrae o se expande con las emociones. Fíjese en el labio inferior: la mayoría de la gente no puede controlarlo cuando las emociones son demasiado fuertes. El labio inferior revela el estado de ánimo del oyente con fidelidad: se contrae con la duda o el temor, se dilata para expresar deleite, placer o sorpresa, tiembla con la tristeza o el remordimiento y se humedece con el deseo.

El tono del cutis

Observe los cambios en el color de la piel. La coloración facial cambia con frecuencia con el estrés. De hecho, puede ser el único signo externo de que la otra persona se encuentra estresada. Algunas personas se ruborizan con cualquier pretexto y sin que esto signifique nada. Por otra parte, es posible quedarse pálido de miedo, ya que la sangre disminuye rápidamente en el rostro. Observe por un minuto los cambios en el color de la piel. Busque pequeñas zonas que hayan cambiado: la frente puede permanecer pálida mientras que las mejillas, la barbilla e incluso el cuello pueden enrojecer de manera desigual.

La respiración

Si alguna vez ha tenido que hablar en público o mantener una conversación particularmente difícil, se habrá dado cuenta de hasta qué punto las circunstancias pueden

---

EJERCICIO. Evaluar las señales no verbales

1. La próxima vez que se encuentre con alguien que le es familiar (compañero, colega, jefe) propóngale algo normal dentro de lo que es una conversación cotidiana, como ir a comer o al cine, por ejemplo.

2. Cada vez que haga una sugerencia observe su respuesta física.

3. Compruebe si son congruentes las señales físicas con las respuestas verbales.

4. Fíjese especialmente en las siguientes señales:

    ✔ movimientos de los ojos;
    ✔ fruncimiento del labio inferior;
    ✔ cambios en el color de la piel;
    ✔ alteración del ritmo respiratorio.

5. Ahora repita el ejercicio recurriendo a otro tipo de propuestas.

6. ¿Con qué precisión puede predecir sus respuestas físicas o verbales? ¿En qué medida se ve obligado a cambiar de táctica para convencer a su interlocutor?

7. Para estar seguro de que sus valoraciones son exactas, vuelva a realizar el ejercicio por lo menos una vez más (las respuestas de cada persona pueden ser diferentes, por lo que necesita realizarlas separadamente para cada persona).

influir en la respiración, que tiende a concentrarse en el pecho y a ser más ligera y más rápida. En cambio, en situaciones menos tensas, la respiración es más tranquila, lenta y abdominal.

Puede estar seguro de dos cosas: en primer lugar, no todo el mundo respira de la misma manera en una misma situación, y, en segundo lugar, cualquier cambio de respiración indica también un cambio en la forma de pensar y de sentir de la persona.

El hábito hace al monje

En todo el mundo, la ropa se utiliza por pudor, por comodidad y por coquetería. Nuestra manera de vestirnos dice mucho de nosotros. Cada día tomamos decisiones conscientes sobre los mensajes que queremos dar a los demás a través de nuestras prendas de vestir. Al igual que el tono de voz, la postura y los gestos, la ropa que escogemos también subraya nuestros mensajes. Puede influir profundamente en la manera en que somos vistos por los demás y la forma en que nuestros mensajes son recibidos.

Evidentemente, la parte más importante de nuestra manera de ser se presenta de manera no verbal. La ropa que usted escoge muchas veces acaba por decir bastante más de sí mismo que sus palabras. Un vendedor que asistía a uno de mis seminarios de formación contó una historia interesante. Parece ser que, siempre que salía de la oficina para ir a vender, llevaba consigo tres mudas de ropa para adaptarse a la persona o a la organización a la cual iba a vender. ¿Cómo lo hacía? ¿Y dónde? El primer traje era de color gris; sustituía la chaqueta gris o bien por una cruzada o bien por una cazadora de piel. Su trabajo consistía en vender anuncios de periódicos a una gran variedad de empresas: pequeñas oficinas, agencias publicitarias, etc. La elección de diversas opciones de vestuario ampliaba sus oportunidades de ajustarse a la gente a la que dirigía la venta.

Sin embargo, hay que tener cuidado, pues demasiada flexibilidad puede ser perjudicial. Una empresa especializada en reformar las fachadas de casas y de edificios comerciales se puso en contacto conmigo. Habían perfeccionado un sistema para cubrir las paredes con un cemento espeso e impermeable al agua. Se daba la coincidencia de que habíamos sufrido daños importantes en la pared anterior de la vieja casa en la cual vivíamos, por lo que éramos muy receptivos a cualquier sugerencia que pudiera resolver el problema. La empresa había concertado una cita para que su técnico analizase el caso, hiciese un informe y recomendase una solución a la situación.

Aquella tarde una furgoneta aparcó delante de la casa y el técnico llamó a la puerta. Era un hombre de mediana edad vestido con un mono de color gris oscuro. En una mano llevaba una caja metálica y se presentó como el agrimensor principal de la Compañía Such & Such Rendering. Le dejamos entrar y hablamos durante un rato sobre los problemas que habíamos tenido. Escuchó atentamente, tomó cuatro notas y preguntó si podía hacer una inspección completa de la pared exterior. Nos dejó mirando un vídeo de las técnicas de reforma innovadoras de su empresa. Mientras mirábamos obedientemente el vídeo, podíamos oír claramente al agrimensor en el exterior, dando ligeros golpes a la pared. Cuando terminó, se sentó y tranquilamente y con confianza nos habló de lo que había encontrado y de los detalles técnicos de la solución que proponía. Estábamos impresionados. Era serio, con una terminología técnica adecuada para nosotros y, por supuesto, iba vestido de forma apropiada. Se marchó diciendo que volvería al día siguiente y que nos daría un presupuesto.

Al día siguiente volvió a las siete en punto de la tarde. Ni mono gris, ni caja metálica ni furgoneta. Conducía un elegante coche nuevo rojo, llevaba una cartera llena a reventar e iba vestido con un traje oscuro de calidad con una corbata de seda y zapatos brillantes. Toda su aproximación era distinta. Cuando se deshizo el encanto, se hizo bien evidente que el «agrimensor» del día anterior se había convertido en el vendedor de hoy. El hombre tranquilo y formal en que habíamos confiado veinticuatro horas antes había desaparecido. Era el Doctor Jekyll y Mr. Hyde a la vez y no sabíamos cómo librarnos de él.

Piense en cómo se vestirá la próxima vez que intente convencer a otras personas. Hágase estas preguntas:

- ¿Qué tipo de ropa puede considerar inadecuada la otra persona?

- ¿Qué tipo de ropa es la más apropiada para las circunstancias y para el mensaje que deseo comunicar?

- ¿Qué tipo de ropa llevará la otra persona?

- ¿Hasta qué punto he de adaptarme al estilo de ropa de la otra persona?

- ¿Debería ignorarlos y simplemente vestirme como ellos esperan que haga?

Es imposible vestirse sin emitir ningún tipo de señal social. Cada traje cuenta una historia.

La coherencia

¿No ha observado nunca que, en ocasiones, las palabras no encajan con el lenguaje corporal que está viendo? Puede ser que su interlocutor tenga un aspecto relajado y esté reclinado en una silla confortable diciendo palabras como: «Es muy importante. Es esencial que hagamos algo sobre ello. ¡En marcha!». Evidentemente, ante tal situación, sus palabras no tendrán demasiado éxito. Tiene un aspecto demasiado relajado para querer hacer algo.

Lo que está observando aquí es la falta de coherencia. Cuando se recibe un mensaje confuso, la mayoría de la gente lee el lenguaje corporal y no atiende a las palabras que se han pronunciado.

Sin embargo, hay que tener cuidado. La falta de coherencia siempre debilita el mensaje. ¿En cuántas ocasiones no se ha encontrado usted mismo alabando las virtudes de alguna idea sólo porque su director o compañero se lo han dicho y no porque usted crea realmente lo que le han pedido que diga? Corre el riesgo de que su lenguaje corporal y sus señales no verbales le traicionen. Como norma general se puede decir que cuanto más familiarizado esté con la otra persona, más concordará con sus señales no verbales. ¿Nunca se ha preguntado por qué el perro sabe con antelación que es la hora de salir de paseo por la tarde? A lo largo del tiempo se ha construido un patrón estándar de comportamiento; el perro llega a ser consciente de ciertas señales que siempre le indican que lo sacarán a pasear. De una manera similar al perro de Pavlov, asocia una señal con su deseo y él mismo se estimula. Cualquier persona que viva o trabaje con otra durante un largo periodo de tiempo, empieza a notar que conoce perfectamente la conducta, los comentarios y los pensamientos de esta persona. Por ejemplo, siempre puedo decir cuándo mi esposa está preocupada por algo. Tiene el hábito de reposar la barbilla en su mano. Incluso desde cierta distancia, mi agudeza sensorial está suficientemente armonizada con las características del patrón de lenguaje corporal de mi esposa, tal como debe ser después de veinticinco años de matrimonio.

Buscar grupos de señales

Una golondrina no hace el verano y una señal corporal no necesariamente hace un mensaje. La comunicación no verbal está llena de ambigüedades. Un simple encogimiento de hombros puede significar muchas cosas: resignación, despreocupación o ignorancia, por ejemplo. Cuando alguien tira suavemente del lóbulo de su oreja, ¿significa que se siente atormentado por una duda o sencillamente nota un leve picor?

Cuando esté sentado oyendo a alguien, un grupo de señales típico puede consistir en:

✔ inclinarse ligeramente hacia delante en la silla;

✔ tocarse o cogerse la barbilla;

✔ ladear ligeramente la cabeza hacia la izquierda;

✔ mirar entrecerrando los ojos;

✔ establecer un buen contacto visual;

✔ inclinar ligeramente la cabeza.

Este grupo de media docena de señales separadas puede sugerir que usted está escuchando atentamente (inclinación hacia delante, contacto visual, ojos ligeramente cerrados), valorando lo que se está diciendo (la barbilla reposa sobre la mano) y que está de acuerdo con la otra persona o con sus argumentos (cabeza ladeada o ligeramente inclinada).

Cambios en el lenguaje corporal

Algunas personas con frecuencia llegan a estar tan ensimismadas en lo que están diciendo, tan concentradas en su propia voz, que no se dan cuenta de los gestos que hacen.

Un colega que al principio parece estar atento, interesado e incluso entusiasmado, puede acabar indicando todo lo contrario. Una persona que está inclinada hacia delante, con un buen contacto visual, gradualmente puede mostrarse cabizbaja, nerviosa e incómoda, pierde el contacto visual y empieza a dar ojeadas furtivas al reloj. O lo que es peor: a veces se ignora a quien muestra poco interés y no llega a apreciarse cómo cambia su postura y su gesticulación lentamente, sugiriendo que su nivel de interés ha aumentado. Piense en la gran cantidad de personas que conoce que no se dan cuenta de estas señales aunque tengan lugar delante de sus propios ojos.

La próxima vez que usted necesite influir en los demás podrá observar que sus sentidos están en más concordancia con todo lo que ocurre alrededor de usted. Puede observar la postura inicial de la otra persona y grabar en su memoria hasta los detalles más pequeños.

RESUMEN

1. El lenguaje corporal, —la comunicación no verbal—, es un lenguaje dentro del lenguaje y puede pasar desapercibido.

2. El contenido no verbal de la comunicación tiene mayor peso que el verbal, tanto en precisión como en validez.

3. A pesar de que cada señal tiene su importancia, debe tenerse en cuenta que los mensajes se vertebran a través de un conjunto coherente de señales.

4. El significado de un mensaje es la respuesta que provoca. Si la reacción no es la deseada, habrá que cambiar las palabras y los gestos para obtener la respuesta apropiada.

5. La ropa es una parte muy importante de la comunicación no verbal.

6. ¿Las señales que da son las que se había propuesto? ¿Apoyan su mensaje? Asegúrese de que el mensaje que envía es el que quiere dar. No obstante, no se pase demasiado tiempo concentrado en sus propias señales no verbales: siempre debe mostrar su interés por el interlocutor.

7. Nuestras respuestas internas se reflejan en nuestra conducta externa.

8. Observe los cambios que se producen en el lenguaje corporal, sobre todo en lo que se refiere al interés que suscita en su oyente.

CAPÍTULO 7
CÓMO APLICAR EL PODER DE LA PERSONALIDAD

> *Lo que eres suena tan fuerte en mis oídos*
> *que no puedo oír lo que dices.*
>
> R. W. EMERSON

Los conflictos de personalidad pueden crear barreras para influir con éxito en nuestros interlocutores. Este capítulo le ayudará a aprender más sobre su propia personalidad. Conocerá lo que se puede hacer para utilizar su fuerza así como los medios con los que usted puede minimizar cualquier debilidad. También expone detalladamente diferentes formas con las que puede hacer frente a todas aquellas personas cuyo carácter no se aviene con el suyo.

Como se ha ido viendo a lo largo del libro, las relaciones interpersonales son una parte muy importante de nuestra vida cotidiana. Debemos tomar siempre en cuenta nuestra habilidad para adaptarnos a las expectativas sociales, sobre todo cuando intentemos influenciar a otros. En el momento en que somos lo suficientemente mayores, nuestros padres y profesores nos enseñan normas. Estas parecen haber sido diseñadas para establecer las reacciones que deben tenerse ante una determinada manifestación. Un encuentro con una persona desconocida acaba por demostrar la ansiedad que sentimos para convencerle de que somos socialmente competentes y, por lo tanto, de que somos los más indicados para que confíe en nosotros. Algunas de estas normas serían:

* Mirar fijamente a las personas desconocidas es de muy mala educación.

* No se puede hablar antes de que nos dirijan la palabra.

* No se puede contestar de mala manera.

* Hay que respetar a las personas mayores y a los superiores.

* Hay que ir siempre bien vestido.

* Los niños nunca deben molestar a los mayores.

La conversación, sea social o de negocios, es una habilidad compleja. Si vamos a hacer amigos o a convencer a una persona necesitamos habilidades gestuales y verbales especiales. Si no conseguimos dominar las estrategias y las tácticas de conversación, será preciso cambiarlas, porque nuestro poder de convicción se irá debilitando. Evidentemente, es mucho más sencillo convencer a las personas con las cuales mantenemos una buena relación o tenemos algo en común. Las dificultades surgen cuando nos encontramos con personas que tienen una personalidad con la cual nos es difícil relacionarnos.

Recientemente, una colega conoció al nuevo director de formación, un hombre que asumía el cargo de la persona con la que había estado trabajando durante años. Mi colega había establecido una buena relación de trabajo con el antiguo director. Era un señor de edad y bastante aburrido, sin demasiado sentido del humor, pero mi colega y él se adaptaron y trabajaron de forma eficaz. El que iba a ser su sustituto era muy diferente: más joven, con un agudo sentido del humor y más creativo e innovador. A pesar de ser tan diferentes, mi colega logró conectar con los dos mientras coincidieron. Alimentó cuidadosamente las dos relaciones. Sin pretender ser nadie más que ella misma, procuró ser discreta y mostrar sólo aquellas facetas que conviniesen. Con Dave, el hombre más joven, era una conversadora más creativa y divertida. Compartían momentos de risa y sacaban a relucir las prácticas ideas creativas que ambos habían tenido. Al mismo tiempo, admiraba a Mike, el hombre más mayor, por su esmerado y delicado enfoque del trabajo. Era más lento e, invariablemente, escogía el camino tradicional pero a su manera había conseguido organizar un departamento sumamente eficiente.

Un día Mike sugirió que se encontraran los tres para hablar sobre el año próximo. El corazón de mi colega dio un brinco. Esta sería la primera ocasión en que se encontraría con los dos hombres a la vez. La sola idea de pensarlo resultaba escalofriante. Esto significaba que se vería forzada a revelar aspectos de su personalidad que había mantenido ocultos a uno y otro. Era un encuentro difícil al cual sobrevivió, pero sólo eso. El problema consistía en el hecho de que las dos relaciones habían florecido por separado. Si mi colega hubiese trabajado con los dos hombres, me imagino que su comportamiento hubiese sido más ecuánime.

Cualquier persona con un poquito de empatía intentará adaptar su conducta tanto a las circunstancias como a las personas. Hace un par de años, mi esposa y yo asistimos en dos semanas a un funeral, a una boda en Francia y a un bautizo. No es necesario decir que nuestra conducta fue totalmente distinta en cada ocasión. Nos ves-

timos de forma diferente, hablamos en un tono y una forma distintos y dijimos cosas diferentes.

Gran parte de nuestro conocimiento de la conducta humana procede del trabajo de Carl Jung (1875-1961). Jung descubrió que hay pautas reconocidas y repetidas en nuestra conducta. Estas pautas o conductas habituales proceden de nuestra educación; se desarrollan muy pronto y es muy difícil, si no imposible, cambiarlas. Debido a que todos poseemos nuestro propio grupo de conductas preferidas, podemos ser atraídos fácilmente por un cierto tipo de personas, grupos o intereses. Paralelamente, podemos tomar decisiones, frecuentemente de manera inconsciente, rechazar a algunas personas o grupos. Con frecuencia estas decisiones demuestran que conocemos de manera inconsciente cuáles son los rasgos de la personalidad de los demás que nos atraen.

La investigación de Jung identificó cuatro pares de conducta y halló que la mayoría de nosotros se acopla con éxito sólo con una de las partes del par. También halló que casi la mayoría de la gente que analizó había desarrollado más un rasgo de la pareja que el otro. Cada rasgo es útil para ciertos tipos de trabajo, tareas o profesiones, pero con frecuencia origina problemas con otros ámbitos de la vida.

EJERCICIO. Cómo ser un camaleón

1. Piense en una persona con la que mantiene una buena relación, una persona con la que se siente relajado y cómodo. Describa cómo se comporta usted con ella.

2. Ahora piense en alguien con quien no tiene una buena relación. Su corazón da un brinco cada vez que usted oye o a ve a esta persona. Le hace sentirse y actuar de forma diferente.
Describa su conducta típica hacia esta persona.

3. ¿Cuáles son las principales diferencias en su conducta que hacen que se convierta usted en un camaleón?

Las cuatro parejas de características de la personalidad de Carl Jung son:

• **Extrovertido – introvertido**
La persona extrovertida se relaciona más fácilmente con el mundo exterior, mientras que la introvertida está más interesada por el mundo de las ideas.

• **Empírico – intuitivo**
La persona empírica prefiere trabajar con hechos conocidos y la intuitiva prefiere buscar relaciones hasta ese momento desconocidas.

• **Racional – emotivo**
Mientras la persona racional basa sus juicios más en el análisis objetivo y la lógica, la persona emotiva se basa más en las valoraciones personales.

• **Planificador – espontáneo**
Una persona planificadora prefiere una forma de vida ordenada y planeada, mientras que la persona espontánea se comporta de manera inmediata y flexible.

Desde la publicación del libro de Carl Jung *Tipos psicológicos* (1921), ha tenido lugar un gran avance en el campo de la comprensión humana. La mayoría de las personas persuasivas parece entender el origen de su propia conducta y el de las personas a las que desean influenciar. Si la personalidad es un factor tan importante en las relaciones humanas, no estará de más conocer un poco de psicología elemental para entender mejor a quienes nos rodean.

Aquí tiene un modelo sencillo y accesible, fácil de entender e interpretar. Hágase este cuestionario usted mismo (o pida a un colega, a un amigo o a alguien que le conozca bien que lo complete por usted). Le hará saber muchísimo sobre la manera cómo usted se relaciona los demás.

EL MÉTODO PERSONAL. CUESTIONARIO

Cada persona es única. Nuestros rostros son diferentes, los cuerpos son distintos y tenemos personalidades diferentes. No existe una personalidad verdadera o falsa: los cambios de carácter y comportamiento dependen de cada situación.

Este cuestionario le ayudará a comprender mejor cómo influir a los demás. Los resultados le permitirán determinar cuál es el tipo de persona que le gusta tratar así como los que no puede soportar. Al conocer su manera de ser obtendrá firmeza y seguridad y sabrá cómo influenciar, persuadir y convencer a los demás. También se dará cuenta de en qué circunstancias su relación con los demás falla y a qué se debe esto.

Instrucciones

El siguiente cuestionario consiste en veinte pares de afirmaciones. Lea cada una y marque con un círculo la que sea más característica de usted o de su conducta tal como la percibe.

Evalúe su conducta tal como es actualmente, no como fue hace un tiempo ni como le gustaría que fuese.

1.	A B	Me gusta hacer nuevos amigos. Prefiero leer antes que hablar.
2.	C D	Encuentro que las explicaciones son aburridas e innecesarias. Intento ser fiel a las normas.
3.	A B	Me encanta estar con otra gente. No me importa estar solo.
4.	C D	Suelo tomar el mando. Tengo ganas de ser influenciado por otros.
5.	A B	Me encuentro a gusto hablando con gente que no conozco. Me cuesta establecer nuevas relaciones.
6.	C D	Ejerzo mi influencia sobre los demás. Soy fácil de persuadir.
7.	A B	Me encantan las reuniones sociales. Soy igual de feliz.
8.	C D	Estoy seguro de mis puntos de vista y opiniones. Me gusta que los otros tomen el mando.
9.	A B	Se me ha acusado de ser ruidoso. Mantengo un pequeño círculo de amigos.
10.	C D	Expreso mis creencias con seguridad. A veces me quedo callado, incluso cuando sé que tengo la razón.
11.	A B	No me gusta que me den explicaciones. Soy muy meticuloso y cuidadoso.
12.	C D	Puedo planificar y controlar el trabajo de los demás. No estoy seguro de mis puntos de vista.
13.	A B	Tiendo a ser un poco impulsivo. Me aseguro antes de dar el salto.

14.	C	Tengo objetivos y ambiciones claras.
	D	Vivo el día tal como se presenta.
15.	A	Soy una persona accesible.
	B	Evito tener contacto con los demás.
16.	C	Soy un simple delegado.
	D	Busco la aprobación de los demás.
17.	A	Hago nuevos amigos con facilidad.
	B	Me siento feliz solo.
18.	C	Yo obtengo; los demás pueden buscar los detalles.
	D	Tengo ganas de ser influenciado por otros.
19.	A	Soy muy campechano.
	B	Me cuesta tiempo establecer una relación.
20.	C	Tomo el mando en el grupo de trabajo.
	D	Soy influenciado con facilidad.

Puntuación e interpretación

1. Cuente las respuestas A y B que ha seleccionado y anote el número en los espacios en blanco siguientes. Haga lo mismo para las respuestas C y D.

2. Reste el número de A del número de B y haga lo mismo con las C de las D. Las diferencias pueden oscilar entre +10 y –10. Compare los resultados con el perfil de puntuación.

.... (B) menos .... (A) = ...
.... (D) menos .... (C) = ...

Perfil de la puntuación

EXTROVERTIDO   **(B menos A)**   **INTROVERTIDO**
–10 –9 –8 –7 –6 –5 –4 –3 –2 –1 0 +1 +2 +3 +4 +5 +6 +7 +8 +9 +10

DOMINANTE   **(D menos C)**   **SUMISO**
–10 –9 –8 –7 –6 –5 –4 –3 –2 –1 0 +1 +2 +3 +4 +5 +6 +7 +8 +9 +10

Representación gráfica e interpretación

Para obtener una representación gráfica (figura 2) de la importancia relativa de cada puntuación en su conducta global, marque la puntuación que ha obtenido acerca de su grado de introversión y extraversión (eje horizontal) así como la que se refiere a su sumisión o dominancia (eje vertical). Ahora trace las coordenadas representadas por cada cuadro en los ejes. Su puntuación final le mostrará como uno de los cuatro tipos de personalidad:

✔ dominante/extrovertido (líder);

✔ dominante/introvertido (creativo);

✔ sumiso/extrovertido (analítico);

✔ sumiso/introvertido (gregario).

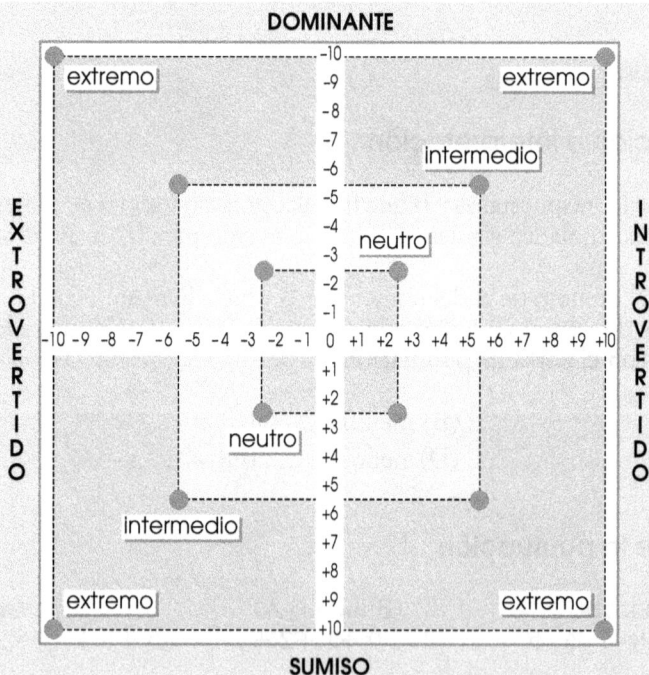

Figura 2. Gráfico de la puntuación.

Las personas que han obtenido una puntuación próxima a una de las cuatro esquinas exteriores del cuadro principal son ejemplos extremos. Aquellas cuya puntuación se encuentra cerca o dentro de la zona central son ejemplos de término medio y las que se aproximan al cero son ejemplos neutros.

Aunque este ejemplo es sencillo, si lo comparamos con los hallazgos de Jung, nos damos cuenta de que existen ciertas semejanzas. Si logramos comprender el significado de estas indicaciones, podremos adaptarnos mejor a nuestros interlocutores y conocer su personalidad.

Para congeniar con un gran número de personas y poder persuadirlas, es preciso estar preparado para desarrollar todos aquellos rasgos de nuestra personalidad que sean pertinentes. Para guiarle a través de este modelo, he creado y he dado un nombre a cada uno de los cuatro tipos. De este modo podrá identificar la personalidad de aquellas personas a las que usted desea influenciar y comprender exactamente por qué establece una mejor relación con unas que con otras.

Presentado como una matriz, el modelo de la personalidad aparece de la siguiente manera:

Utilizo con frecuencia este modelo en los seminarios de formación en ventas que realizo en

Figura 3. Tipos de personalidad

todo el mundo. Una pregunta que hago normalmente a los asistentes es «¿a cuál de los cuatro tipos de personalidad le disgusta más exponer su caso?». La respuesta es fascinante. Con frecuencia hay dos o tres personas a las que les disgustan los oyentes analíticos y los seguidores reactivos.

Es una respuesta muy interesante. Es perfectamente comprensible que los vendedores se encuentren inseguros en la compañía de estos dos tipos de personas. Después de todo, ni los oyentes analíticos ni los seguidores reactivos tienen mucho en común con la mayoría de los vendedores, que suelen ser del tipo extrovertido (ya sea dominante o sumiso). La experiencia muestra que, aunque los oyentes analíticos y los seguidores reactivos pueden ser más lentos a la hora de tomar una decisión final, normalmente llegan a ser unos clientes más leales e incondicionales que irán más despacio a la hora de cambiar de proveedor.

La investigación muestra que los rasgos de dos personalidades se atraen mutuamente:

* Todos aquellos que cuidan o dirigen (dominantes) son atraídos por aquellos que desean ser cuidados o dirigidos (sumisos). Este fenómeno se conoce como «educación y socorro».

* Algunas personas dominantes son el jefe prepotente (o el marido o la esposa) que se encuentra mejor cuando está rodeado por esclavos subordinados y serviles. La educación y el socorro no entran en esta relación.

Si usted es más sumiso que dominante, no es necesario decir que debería cambiar su personalidad. Debe modificar sólo algunos aspectos, si es necesario, cuando esté en compañía de personas del tipo dominante. Si usted está influenciando o persuadiendo a alguien que es dominante, es poco aconsejable mostrar que es una persona demasiado sumisa. ¿Con quién va a jugar al golf el fin de semana una persona dominante?

¿Con un grupo de gente sumisa? Por supuesto que no. La mayoría de personas que son verdaderamente dominantes se divierten en compañía de otras personas dominantes. Para construir una relación con una persona de estas características, debe potenciar todos los aspectos de su propia personalidad que se le parezcan y utilizar su entendimiento y sus habilidades de adaptación. En breve, si usted siente que un «conflicto de personalidad» interfiere en su relación, debe observar cuál es el comportamiento de su interlocutor y adaptarse a él. Si el malentendido continúa, es probable que la relación fracase.

ANÁLISIS DE LOS MODELOS DE PERSONALIDAD

Para ayudarle a identificar y a entender los cuatro tipos de personalidad, aquí tiene un análisis detallado de la matriz de personalidad. Cada tipo de personalidad tiene características positivas y negativas que pueden ayudar o entorpecer sus esfuerzos.

El líder que desea mandar en todo momento

Influenciar a líderes natos es para mucha gente un esfuerzo arduo.

Las personas proactivas inician y con frecuencia toman parte en situaciones sin recapacitar. A menudo desconciertan a los demás porque arrasan todos los argumentos con sus ideas. Este carácter desea dominar cualquier conversación en la cual esté implicado. La mayoría de las personas los encuentran bastante intimidatorios. Cada vez que usted intenta entrar en una conversación y empieza a expresar una o dos sugerencias, el líder le ignora o se apropia de sus ideas y afirmaciones. Aquí radica el camino principal para convencerlo: déjele pensar que sus ideas son las de él. No se preocupe innecesariamente porque es su idea. Lo importante es que él piense que es suya. Después de todo, su principal objetivo es que piense como usted, y ya lo hace. Tiene muchas aptitudes para realizar el trabajo; déjelo continuar aunque se trate de su idea.

Las fanfarronadas son también una buena manera de llamar su atención. Este tipo de personas desprecia las actitudes sumisas. Le entusiasman las batallas y le gusta sentir que ha obtenido la victoria.

Este carácter es propio de aquellas personas que han llegado a su posición gracias a sus propios esfuerzos (y están orgullosas de ello). En ocasiones pueden parecer groseras y materialistas. Son egoístas y conscientes de la posición (medida siempre por la edad, la altura, el cargo en la empresa, la riqueza, el tamaño del coche, las relaciones personales, etc.). Todos los argumentos posibles deben expresarse de forma que aumenten su prestigio. No se preocupe demasiado por los halagos: les gusta que les adulen. Forma parte de su motivación. Utilice palabras que ensalcen su poder, como, por ejemplo:

- mejor;

- mayor;

- exclusivo;

- poderoso;

- excelente;

- a la cabeza;

- dinero.

Si todo esto le parece poco sutil, no se preocupe. El refinamiento no es su estilo. Pídale su opinión, permítale ser magnánimo. Su amabilidad es también una demostración de poder.

Características positivas y negativas

Características positivas: capacidad de planificación y de definición de objetivos; disciplina; organización; apertura a nuevas ideas; amor por el poder; seguridad; protagonismo; capacidad de valoración; capacidad de tomar decisiones rápidas; generosidad.

Características negativas: insensibilidad; facilidad de hastío; intimidación; agresividad; soberbia; impaciencia; brusquedad; capacidad de delegar tareas en los demás.

El analítico que desea sentirse responsable

Al igual que el líder, la persona de tipo analítico es dominante. Puede ser reservada o tranquila. Prefiere que usted hable para que lleve su conversación fuera de su propia argumentación o, aún mejor, para que cometa errores y muestre los puntos débiles de su argumento.

El oyente analítico es muy objetivo, centrado y, por encima de todo, frío. Las preguntas formuladas cuidadosamente le sacarán de su cascarón.

Utilice las ideas y opiniones de su oponente para apoyar su argumento.

Las palabras y las frases que provocarán su interés son las siguientes:

✔ datos estadísticos;

✔ pruebas empíricas;

✔ gráficos y cifras;

✔ resultados de investigación;

✔ beneficios;

✔ argumentaciones lógicas;

✔ razonamientos.

Al igual que el líder, el oyente analítico es extremadamente independiente. Desea considerar las cosas detenidamente, lo cual no debe verse forzosamente como un rechazo. El oyente analítico no ha obtenido su posición actual tomando decisiones precipitadas. Desea valorar todos los datos, por lo que más de una vez exigirá informes detallados sobre cualquier proyecto para examinar los argumentos por sí mismo. Conviene proporcionarle una cantidad suficiente de esquemas, gráficos y tablas que le encantará estudiar larga y detenidamente. Sin embargo, debe asegurarse de que son correctos. Este tipo de personas suele experimentar un intenso placer cuando encuentran un error.

Características positivas y negativas

Características positivas: precisión; tenacidad, calma; entusiasmo por las capacidades interiores; atención a los aspectos formales; disciplina; energía; capacidad de reflexión; sutileza; prudencia; capacidad deliberativa; racionalidad; capacidad analógica; lógica; pasión por los datos.

Características negativas: perfeccionismo que entorpece las decisiones; aislamiento; rechazo de las ideas nuevas; agresividad en la confrontación de ideas; insensibilidad; ironía cruel; dificultad a conceder confianza; tendencia al burocratismo; búsqueda continua de datos que prueben lo que se le presenta.

La persona gregaria que establece relaciones de dependencia

Al igual que el oyente analítico, este tipo de personalidad es también reservado. Las personas gregarias esperan que otras tomen la iniciativa y después les siguen. Tienen la necesidad de meditar y analizar antes de actuar. Invierten mucho tiempo en la espera, ya que estudian interminablemente las situaciones. Son tímidas e indecisas, confían demasiado en las recomendaciones y los conse-

jos que les dan, lo que suele provocar que se equivoquen con bastante frecuencia. Debido a ello, rara vez consigue una posición de autoridad, sobre todo cuando se trata de conseguir un buen nivel de ventas o de establecer una relación comercial estrecha y duradera. No obstante, hay algunos directores y propietarios de pequeños negocios que poseen esta personalidad. Cuando este es el caso, su posición la alcanzan normalmente por ausencia o por herencia. Suelen ser muy fieles al espíritu de la empresa y raramente se dejan manipular en su contra.

Para persuadirlas de algo, lo mejor es recurrir a palabras de este estilo:

- protección;
- seguridad;
- garantía;
- confianza;
- popularidad;
- control;
- cautela;
- demostración.

Dado que sus decisiones toman un tiempo considerable, es importante mantener la relación. No conviene que estas personas decidan solas. Es mejor mantenerse a su lado ayudando, enseñando, apoyando y demostrando. Con toda seguridad, usted tendrá que dedicar un esfuerzo considerable que puede llegar a ser agotador. Pero si al final se convierte en su persona de confianza, entonces todo el tiempo y el esfuerzo que se han invertido habrán valido la pena.

Características positivas y negativas

Características positivas: buena capacidad de escucha; formalidad; cordialidad; pasividad; tranquilidad; capacidad de reflexión; desenvoltura; lealtad; atención a los demás.

Características negativas: excesiva cautela; sumisión; dificultad para confiar en los demás; dependencia de pruebas y consejos; odio por los detalles; hostilidad a los cambios.

La persona creativa que se interesa por las relaciones con los demás

La mayoría de los vendedores se han indispuesto más con este tipo de personalidad que quizá con cualquier otro. El problema es sencillo: a primera vista, se trata de una persona sociable y simpática, tan servicial y amable que hace que todo parezca fácil. Pero con frecuencia esto es tan sólo una facha-

da. El principal interés de una persona creativa es convencer a los demás de sus puntos de vista. Es, ante todo, una persona sencilla a la que le entusiasma mantener la relación. Su aproximación a los negocios puede ser descuidada y desorganizada. Hace y rompe promesas, no acude a las citas, etc.

La clave para un diálogo fructífero con estas personas es el control. Hay que dominar siempre la conversación siempre. «He venido a verle, señor, para hablar del proyecto del señor MacCallum.» Esta declaración asegura su objetivo desde el principio. Cada vez que él cambie de tema, usted puede volver a él diciendo «volviendo al motivo de nuestra reunión».

Las palabras más adecuadas a la hora de hablar con este tipo de personas son las siguientes:

- diversión;

- aprecio;

- alegría;

- conveniencia;

- facilidad;

- ausencia de dificultades;

- economía de medios.

Puede ser divertido estar con una persona así, pero hay que

tener cuidado: a veces está tan ansiosa de preservar la amistad o la relación de negocios, que prefiere demorar cualquier decisión.

Características positivas y negativas

Características positivas: entusiasmo; locuacidad; gran sociabilidad; enorme simpatía; desenvoltura, afecto; accesibilidad; creatividad; gusto por las nuevas ideas; entusiasmo.

Características negativas: poca disciplina; poca puntualidad; desorganización; impetuosidad; credulidad; facilidad de sugestión; impaciencia; excesiva generalización; emotividad y nostalgia.

RESUMEN

1. Todo el mundo es diferente: no existen las personalidades buenas o malas. Las personas tan sólo piensan y actúan de forma diferente en situaciones distintas.

2. Su personalidad, sea cual fuere, le ayuda y le impide conseguir lo que desea en función de las características de sus interlocutores, con los que hay que mantener siempre una relación de independencia.

3. La comprensión de su propia personalidad le ayudará a decidir cuál es la mejor manera de acercarse y relacionarse con los demás.

4. Existen métodos de conducta diferentes en función del carácter de las personas con las que debe relacionarse.

5. No espere que los demás cambien su personalidad para adaptarla a la de usted. Cualquier cambio debe provenir de usted, sobre todo si desea convencer a los demás de que sus ideas deben ponerse en práctica.

CAPÍTULO 8
ESCOGER EL MÉTODO ADECUADO

*Uno juzga a los demás según sus propios criterios
y su punto de vista.*

M. Esther Harding

No todas las personas influyentes obtienen los mismos resultados. Este capítulo pretende estudiar los beneficios que aporta un método flexible de persuasión. Para ello se comentarán ocho estilos distintos y mediante un cuestionario usted podrá dilucidar cuál es el que más se adapta a usted.

Tengo una buena amiga, Jenny. Nació en febrero, así pues es una acuario. Tanto si usted cree en astrología como no, lo cierto es que ella tipifica el signo del agua. Tiene una gran necesidad de libertad y una gran determinación en lo que a sus convicciones se refiere. Vive un poco en su mundo y es impredecible. No dejará que la empujen, amenacen o intimiden. Si alguien intenta que haga algo en contra de su voluntad, fracasará estrepitosamente. Una vez se ha decidido por algo, es muy difícil persuadirla de lo contrario. Es imposible obligarla a que acepte algo que no le gusta. Un cuidadoso argumento apoyado con demostraciones y pruebas estadísticas será desafiado, puesto en duda y retado a muerte antes de que lo acepte de mala gana.

Un acercamiento pasivo es igualmente inútil y frustrante. «¿Pero qué te crees? Si no sabes la respuesta, no puedes esperar que yo la sepa.» ¡Seguramente una «negociación democrática» es la única manera de avenirse con ella!

Otro amigo, William, es el caso contrario. Nunca puede decidirse. Déle dos alternativas y espere a que tome una decisión. Si intenta ayudarle sólo conseguirá confundirlo más. De hecho, más de una vez estas situaciones han provocado la hilaridad de sus amigos. Una respuesta pasiva conducirá eventualmente a un vacío de comunicación total. La mayor parte del tiempo, William quiere que le digan lo que debe hacer. Si los otros también lo hacen, entonces estará aún más convencido (odiaría ser el cobaya de una idea que no ha sido probada completamente). Quiere demostraciones y pruebas irrefutables en las que apoyar su decisión.

Uno de los mayores miedos de William es quedar en ridículo después de reflexionar cuidadosamente. «Oh, no, William, no habrás caído en ese viejo timo, ¿verdad? Seguro que te han visto venir.»

Como puede verse, los dos ejemplos aquí expuestos nos hablan de dos personas que responden de forma muy diferente. El comportamiento que para uno es inaceptable, para el otro resulta muy provechoso. Saber cómo es la persona a la que usted debe

convencer debería ser un requisito previo para el eventual éxito. ¿Pero qué pasa si todavía no la ha conocido?

Recientemente me presentaron a un alto cargo de una compañía de consultoría gerencial. Me explicó que su organización se estaba expandiendo y que se involucraba cada vez más en una amplia gama de tareas de asesoría. Descubrí algunos detalles sobre él: el tipo de trabajo que desempeñaban los asesores, los sectores de mercado en que se centraban, etc. Le pedí si podía quedarme con una copia del manual de la compañía dirigido a los altos cargos.

Mi objetivo principal era persuadir a la organización para que me contratara y me incorporara en plantilla, o para que introdujera mis datos en su archivo y, de esta manera, fuera su asesor en un futuro más o menos próximo.

Escribí al socio principal de la compañía, le adjunté mi currículum y mencioné unos cuantos de mis clientes que en cierto modo seguían la misma línea de trabajo. A vuelta de correo recibí una carta en la que me invitaban a reunirme con el director de la asesoría. Por el momento todo iba perfectamente bien, el primer obstáculo había sido superado con creces. El único problema era que no había conocido antes al director en cuestión. ¿Cuál era su historial?

¿Qué tipo de personalidad tenía? ¿Cuál sería su edad? ¿Cómo vestía?

Le expuse todas estas dudas a la persona que me había ayudado a contactar con la asesoría. Poco a poco me fui haciendo una idea clara bastante de la persona que iba a conocer.

En primer lugar, revisé toda mi experiencia laboral para ver si existía alguna coincidencia con la suya. El día de la reunión decidí cómo iba a vestirme: escogí con cuidado una camisa y una corbata que demostraran que estaba a su mismo nivel o que, al menos, no había demasiadas diferencias. A medida que iba conociendo su personalidad me iba preparando la entrevista.

Cuando nos conocimos, todo el tiempo y la atención dedicados tuvieron su recompensa. Por otra parte, era necesario que nos familiarizásemos el uno con el otro desde un buen principio. A pesar de que todavía no habíamos comentado mi currículum vitae, el encuentro había tomado un buen sesgo.

Cuando conocemos a alguien, todo suele resultar más rápido y sencillo.

Un comportamiento influyente tiene muchas facetas y muy variadas que hay que tener en cuenta.

Es preciso que nuestra conducta sea muy flexible, ya que cada situación exigirá una respuesta diferente.

Cada uno de nosotros será mejor que otro, de forma natural e instintiva, a la hora de enfrentarse con ciertas situaciones. Nuestras fuerzas nos hacen seguir adelante. La única manera de convencer a personas diferentes consiste en aprender y desarrollar todos los estilos posibles. El conocimiento de los más difundidos será una fuente de recursos inestimable.

El cuestionario que se presenta a continuación, en las páginas siguientes, ha sido diseñado para poner en evidencia cuáles son sus habilidades y sus puntos débiles, así como su estilo particular.

CÓMO DESCUBRIR SU PROPIO ESTILO. CUESTIONARIO

La selección y el uso del estilo de persuasión más adecuado depende del resultado, de la impresión que han recibido nuestros interlocutores y de la importancia de las relaciones en curso. Si esto no funciona, lo mejor será estudiar otros estilos a los que recurrir.

Este cuestionario se ha elaborado para favorecer el conocimiento de los estilos de persuasión más apropiados para cada persona.

Indicaciones

El cuestionario siguiente está compuesto de treinta y dos parejas de afirmaciones. Señale con un círculo la afirmación de cada pareja que mejor describa su comportamiento, sea cual sea la situación.

1.	A B	No abandono cuando los demás no están de acuerdo. Desarrollo ideas de otras personas.
2.	C D	Muestro pruebas que demuestran mi argumento. El resultado es importante para mí.
3.	E F	Aclaro mis ideas. Muchas veces me arrepiento de no haber hablado antes.
4.	G H	Explico los beneficios de mis propuestas. Intento buscar un compromiso satisfactorio.
5.	A B	Digo a la gente lo que quiero exactamente. Busco hechos y opiniones.
6.	C D	Explico los hechos. Utilizo mi entusiasmo para convencer.
7.	E F	Estoy contento de luchar por mí mismo. No expreso mis sentimientos.
8.	G H	Me divierte convencer a otras personas. Busco la solución ganadora.
9.	A B	Propongo ideas nuevas. Soy un buen oyente.
10.	C D	Proporciono apoyo estadístico cuando es necesario. Me disgusto si no consigo convencer.
11.	E F	Expreso mis creencias con confianza. Me da miedo admitir mi ignorancia.
12.	G H	Preparo respuestas para posibles objeciones. Negocio concesiones mutuas.
13.	A B	Aporto muchas sugerencias. Construyo con ideas de otras personas.
14.	C D	Construyo un argumento lógico bueno. Si no consigo influir, me siento frustrado.
15.	E F	Le digo a la gente claramente cómo me siento. Me siento incómoco con cumplidos.

| 16. | G | Apuesto por una decisión rápida. |
| | H | Disfruto negociando con otros. |

| 17. | A | Me siento cómodo desafiando las opiniones de otros. |
| | B | Deseo que los demás me influyan. |

| 18. | C | Escribo mi caso. |
| | D | Desbordo a la gente con mi entusiasmo. |

| 19. | E | Creo que tengo el derecho a decir «no». |
| | F | Me siento incómodo en un ambiente poco familiar. |

| 20. | G | Puedo pensar rápidamente un contraargumento. |
| | H | Veo el punto de vista de los dos lados. |

| 21. | A | Me gusta dar información. |
| | B | Acepto críticas sin ponerme a la defensiva. |

| 22. | C | Proporciono detalles paso a paso. |
| | D | Evito el detalle y evito influir a través de mi personalidad. |

| 23. | E | Expreso mi indignación en el momento apropiado. |
| | F | Hago favores cuando no quería. |

| 24. | G | Me gusta persuadir a la gente para que cambie de opinión. |
| | H | Es necesario mantener la relación. |

| 25. | A | Me siento cómodo dando órdenes. |
| | B | Escucho atentamente a quien está en desacuerdo conmigo. |

| 26. | C | Presento mis ideas de forma organizada. |
| | D | Me alegro cuando consigo influir. |

| 27. | E | No me importa pedir ayuda cuando la necesito. |
| | F | No me gusta herir los sentimientos de otras personas. |

| 28. | G | Aprendo todas las características y beneficios de mis propuestas. |
| | H | Intento comprender el punto de vista de la otra persona. |

| 29. | A | Explico con esmero mis requisitos. |
| | B | Estoy contento de compartir ideas de otras personas. |

| 30. | C | Utilizo hechos para convencer a otros. |
| | D | Mi entusiasmo es contagioso. |

| 31. | E | Expreso mis sentimientos directamente y con honestidad. |
| | F | Intento mantener mi popularidad con otras personas. |

| 32. | G | No me desanimo cuando otros tienen alguna objeción. |
| | H | Evito conflictos y busco un buen equilibrio. |

Puntuación

Cuente el número de afirmaciones A y B que ha señalado con un círculo y anote el número en los espacios en blanco. Haga lo mismo con las afirmaciones de las letras restantes. Reste el número de letras A al número de letras B, el C al D, el E al F y el G al H. Las diferencias pueden oscilar entre +8 y –8. Marque los resultados en el perfil de la puntuación.

.... (B) menos .... (A) = ...
.... (D) menos .... (C) = ...
.... (F) menos .... (E) = ...
.... (H) menos .... (G) = ...

Perfil de la puntuación

A = estilo directo y emprendedor   **B = estilo voluntarioso**
–8 –7 –6 –5 –4 –3 –2 –1 0 +1 +2 +3 +4 +5 +6 +7 +8

C = estilo lógico   **D = estilo emotivo**
–8 –7 –6 –5 –4 –3 –2 –1 0 +1 +2 +3 +4 +5 +6 +7 +8

E = estilo asertivo   **F = estilo pasivo**
–8 –7 –6 –5 –4 –3 –2 –1 0 +1 +2 +3 +4 +5 +6 +7 +8

G = estilo persuasivo   **H = estilo negociador**
–8 –7 –6 –5 –4 –3 –2 –1 0 +1 +2 +3 +4 +5 +6 +7 +8

Interpretación

Puntuaciones extremas
(–8, –7, –6, +6, +7, +8)

A juzgar por este resultado, seguramente tiende a utilizar un estilo en detrimento de su opuesto (por ejemplo, el asertivo antes que el pasivo). Esto puede deberse a varias causas, entre las que se encuentran las siguientes:

✔ trabaja en una empresa donde este estilo es el habitual;

✔ trabaja para una persona que espera que usted utilice este estilo porque lo cree conveniente o porque es el que utiliza;

✔ trabaja en un lugar en el que este estilo se considera apropiado;

✔ simplemente prefiere actuar así.

Puntuación equilibrada (–2, –1, 0, +1, +2)

Si su resultado concuerda con los de este grupo, es porque usted puede utilizar indistintamente los dos estilos (por ejemplo, directo o voluntarioso). Esto le proporciona una mayor flexibilidad a la hora de hacer frente a situaciones muy distintas.

PREGUNTAS

- ¿Qué le sugieren las puntuaciones sobre su estilo preferido?

- ¿Cuáles son los beneficios y las pérdidas posibles si continúa utilizando su estilo preferido? ¿Concuerdan con los beneficios que busca?

- Si quiere un resultado diferente, ¿qué estilo necesitará para cambiar hasta cierto punto?

¿QUÉ ESTILO FUNCIONARÁ MEJOR?

Normalmente hay tres objetivos que debe recordar siempre que intente persuadir a otras personas:

✔ quiere mantener una relación ya existente;

✔ tiene la intención de mantener un compromiso a largo plazo con su propuesta;

✔ desea asegurarse de que su mensaje llegue a otras personas.

Toda influencia produce algún tipo de reacción. En una escala del uno al cinco, estas son las reacciones más habituales con que se encontrará:

1 Compromiso total: «Una idea brillante. Deseo empezar cuanto antes».

2 Amplio acuerdo: «Me gusta la idea, pero tengo una o dos preguntas».

3 Conformidad: «De acuerdo. Si eso es lo que quiere. Usted es el jefe».

4 Desacuerdo: «Hay tres buenas razones por las que esto no va a funcionar».

5 Sabotaje: «Quizás estuve de acuerdo, pero no voy a hacerlo».

EJERCICIO. Ganar su compromiso

1. Recuerde una situación en la que consiguió el consenso de una persona o de un grupo.

---

2. Mientras va recordando esa ocasión, empiece a recordar lo que dijo o hizo que ocasionó el compromiso que buscaba.

3. ¿Qué señales le indicaron que los demás estaban de acuerdo? ¿Qué oyó? ¿Qué vio? ¿Qué sintió?

4. ¿Querría repetir el éxito o cambiar su método?

5. Ahora contrástelo con una ocasión menos satisfactoria.

Los ocho estilos de influencia

El estilo directo y emprendedor

La autoridad funciona mejor cuando va acompañada del poder y un estatus superior al de los demás. Usted es el capitán del barco y debe ser obedecido. Los beneficios que reporta a su estilo son pocos pero muy significativos. Primero, la autoridad es una vía rápida y eficiente de persuasión. Es poco probable que haya objeciones serias que no se puedan superar. El proceso tomará seguramente la forma de un monólogo, sin que haya ningún comentario. Dará órdenes y se encontrará con poca o nula resistencia.

Un acercamiento directo rápido y eficiente tiene también sus desventajas. Al ser completamente unidireccional no facilita que los interlocutores hagan demasiadas matizaciones a sus propuestas. Todo lo contrario: basta oírle para darse cuenta de que usted está presentando algo que se hará con toda seguridad. Sin embargo, el resultado puede ser el contrario al esperado, sobre todo cuando se requiere una entrega a largo plazo, ya que su interlocutor estará tan convencido que adoptará una postura demasiado sumisa. Es más eficaz a corto plazo, pues permite comprobar y cerciorarse de que sus propuestas se llevan a cabo debidamente. Por ello, lo mejor es utilizar este estilo sólo en aquellos casos en que el proyecto deba cumplirse a corto plazo. No se sorprenda si la entrega es floja. Hay que insistir.

El estilo voluntarioso

Lo bueno de plantear una negociación en términos de cooperación es que puede prescindirse completamente de las demostraciones de poder. No hay que estar al mando ni debe tenerse ninguna autoridad formal o cargo por encima de los otros. Las ideas simplemente se ofrecen a los interlocutores y se integran dentro del proyecto. Este tipo de colaboración no es demasiado arriesgado y normalmente requiere poca insistencia ya que se considera que beneficia a ambas partes. Debido a que con este estilo el interlocutor participa y argumenta su propuesta, usted puede mantener su influencia durante más tiempo. No habrá que insistir en el acuerdo. Tenga en cuenta que la ansiedad es muy molesta. Si siente la necesidad de continuar, lo mejor es hacerlo con elegancia, discreción y empatía.

No obstante, este estilo de negociación suele ser lento y no está exento de riesgos. Aplicado con demasiada libertad, puede dejar en manos de su interlocutor todo el proyecto. Por otra parte, si se pretende forzar el ritmo lo más seguro es que atosiguemos a nuestro cliente y acabe por abandonar. De hecho, es muy difícil saber cuál es la respuesta que esperan de usted. Imagine que su proyecto es demasiado complicado y que usted no está completamente seguro de que salga bien. Una vez que se ha iniciado, no puede cambiarse ningún requisito.

Es probable que quiera pensárselo dos veces antes de dejar la decisión en otras manos. Las preguntas que puede plantearse podrían ser las siguientes:

- ¿Cuánto tiempo puedo esperar antes de obtener la decisión?

- ¿Cuántas personas pueden colaborar?

- ¿A quién debería delegárselo?

Por otra parte, ¿con qué criterios deberían trabajar? Cuantos más acuerdos se mantengan, mayor será la entrega que recibirá. Cuantas menos condiciones se apliquen en la negociación mejor. Debe estar completamente seguro de que usted dispone del tiempo necesario para llegar a la solución.

El estilo lógico

Mucha gente intenta dar una explicación lógica antes de cerrar el trato. Un cliente puede pedir un informe minucioso de los detalles secundarios, de la manera en que se llegó a las conclusiones, de las variables que se tuvieron en cuenta y de las causas que obligan a iniciar el proyecto. Para muchos de nosotros esta obsesión por los detalles puede resultar fastidiosa y enfriar nuestro entusiasmo. Después de todo estamos ansiosos por continuar con los asuntos que tenemos entre manos. Más tarde tenemos la sensación de que lo mejor es no preocuparse.

Con todo, este estilo puede tener recompensas muy positivas. Primero nos hace examinar y reexaminar nuestros argumentos. No importa cuánto sea el entusiasmo que debe derrochar para conseguir que alguien esté de acuerdo con nuestras sugerencias si tiene una manera de pensar lineal lógica y detallada. El acercamiento creativo y espontáneo no es aceptable para este tipo de estilo. La única forma que garantizará una escucha receptiva a su argumento es trabajar duramente. No hay que dejar nada al azar. Nada de conjeturas, nada de exageraciones: sólo hechos claros e irrebatibles. Y cuantos más mejor.

El estilo emotivo

Apelar a los sentimientos que giran por la mente y el corazón humanos puede ser peligroso. Cuando las emociones son capturadas por argumentos dudosos, el resultado final puede ser un largo y amargo remordimiento. A nadie le gusta que le engañen, sobre todo cuando más tarde se da cuenta de que las decisiones se basaban más en las emociones que en la lógica o el sentido común. Muy a menudo este tipo de decisiones se toman de manera impulsiva. Los sentimientos de pena o enojo, amor u odio nos conducen a una decisión precipitada. Todos hemos sido víctimas de un chantaje emocional en algún momento de nuestra vida.

Si alguna vez quiere recurrir a las emociones de otras personas, moléstese en examinar el resultado probable. Si desea una entrega a largo plazo sin remordimientos innecesarios, apelar a las emociones puede ser un tipo de influencia muy efectivo. Una persona extrovertida y sumisa puede ser particularmente susceptible a una actuación de este tipo.

Si sus objetivos y sus motivos son justos, es muy razonable utilizar el encanto y el entusiasmo. Persuadir a otros para que se sientan parte de su proyecto es una extensión de sus propios sentimientos. El entusiasmo ha sido definido como «el arte del estímulo», una llamarada que infunde optimismo. Utilice su saber y su entusiasmo para estimular la imaginación de otros. Este acercamiento funciona bien con las personas que son muy emocionales e impulsivas. Si son arrastrados con pasión por un proyecto, también es probable que sean capturados por el encanto, el carisma o el puro entusiasmo de la persona que influye. Confiando en los efectos a largo plazo, las personas con las que trate notarán un gran beneficio.

Algunas palabras que son especialmente útiles en estos casos son las siguientes:

- placer;
- felicidad;
- amor;
- seguridad;
- admiración;
- aprecio;
- satisfacción.

Apelar a las emociones entraña un riesgo. Compruebe sus motivos cuidadosamente y recuerde que aunque este acercamiento puede tener éxito, también puede dejar un amargo sabor de boca a aquellos a quien persuade. Los recuerdos dolorosos tardan en desaparecer y tarde o temprano le afectarán.

El estilo asertivo

La aserción se consigue mediante un lenguaje claro e inequívoco. Al expresar sus sentimientos pregunta directamente y con confianza por lo que quiere (o no quiere). No implica agresión, sólo firmeza.

Para conseguirlo, mantenga un contacto ocular constante, hable en un tono medio y agradable y exprese sus intenciones sin ambigüedades y con pocas palabras.

Cuando haga una petición, diga: «¿Acabará el informe para el viernes por la tarde, por favor?».

Cuando rechace una petición, hágalo así: «Lo siento pero no podré ayudarle hoy. Tengo demasiado trabajo en estos momentos».

Junto con la aserción, la tenacidad puede hacer maravillas. Esta es una técnica que se conoce como «estilo fragmentador» *(broken record)*. Realice su informe y, en función de la respuesta que obtenga, repítalo con unas ligeras modificaciones. Hágalo tantas veces como sea necesario hasta que la otra persona entienda completamente su intención.

Por ejemplo: «¿Puede introducir estos datos en el ordenador antes de las doce, por favor?»

«Comprendo lo que me dice pero este documento debe estar listo para la reunión de la junta directiva de esta tarde.»

«En ese caso deberá posponer su otro trabajo.»

«Esto no basta. Lo dejo en sus manos y volveré dentro de una hora para ver cómo va.»

La influencia asertiva funciona con personas autoritarias, ya que son los que menos se esperan una contestación como esa de usted. Crea en sí mismo y tome siempre que pueda la iniciativa.

El estilo pasivo

A primera vista esta noción parece improbable. ¿Cómo puede una persona ser pasiva o sumisa y al mismo tiempo influir en otras y controlar el resultado? El acercamiento pasivo sugiere que los derechos y necesidades de otros priman sobre los suyos. Si no se controla adecuadamente, puede engendrar sentimientos de baja autoestima, frustración e incluso abandono.

Suponga que otro conductor le corta el camino y después le levanta la mano, se para y se aproxima a su coche. ¿Qué hace ahora? Esta persona es más grande, más joven y está más en forma que usted. Cualquier tipo de discusión podría conducir fácilmente a un enfrentamiento físico. Decide tomárselo a broma. Esto significa que tiene que tragarse su orgullo y dar marcha atrás.

Alguien podría decir que éste era un comportamiento débil. Otros, sin embargo, estarían de acuerdo en que adoptó la solución más sensata y evitó futuros problemas mientras aún estaba a tiempo de hacerlo.

¿Se acuerda de la viuda de ochenta años que aparecía en el primer capítulo? Su comportamiento pasivo y sumiso influyó sin lugar a dudas en los ladrones que entraron en su casa. Mediante una actitud aparentemente sumisa siempre se puede aceptar cualquier revés e intentar aprovecharlo.

No rechace la posibilidad de utilizar el comportamiento pasivo o sumiso. Puede que a lo largo de su vida se encuentre con incidentes ante los cuales pueda obtener así algún beneficio. Lo único que debe procurar es no acostumbrarse demasiado a él, pues a la larga puede provocarle sentimientos de remordimiento e incluso de odio a sí mismo.

El estilo persuasivo

La mayoría de la gente se va cuando ve acercarse un vendedor a lo lejos.

Todos conocemos historias sobre el vendedor dinámico que acorrala al más despierto e intenta hacer que se compre algún producto o servicio. No importa si realmente lo quiere o no, porque le están vendiendo el más barato, el más rápido, el más grande y usted sería tonto si no aprovechara su oferta única. Más de una vez, justo cuando está relajado en su sillón por primera vez en todo el día, suena el teléfono o llaman a la puerta, abre y se encuentra con un vendedor que le lee los detalles de un producto de una manera aburrida a partir de un texto escrito.

Muchas veces hemos recibido la visita de un vendedor de estas características. A mucha gente le gusta que les vendan productos. Pasee por cualquier mercado en cualquier parte del mundo y verá cómo el material publicitario influye en muchas personas.

Hace poco a mi mujer la llamó inesperadamente un vendedor que ofrecía un producto limpiador de moquetas. Mi mujer quedó con el vendedor y después de una hora no sólo le había comprado el producto, sino que le había dado también los números de teléfono y las direcciones de sus amigas. Estaba tan entusiasmada por ese arte de vender y por la exuberancia juvenil del vendedor, que le pareció casi de mala educación negarse, después de lo amable y educado que había sido. Ella apreció sinceramente sus habilidades.

Aunque a la mayoría no le guste los vendedores, lo cierto es que somos, después de todo, compradores constantes. Apenas pasa un día sin que entremos o salgamos de una tienda, o estemos en el teléfono contrastando precios. En un año puede que tomemos decisiones importantes acerca de la compra de un coche o de un piso. Y en muchos casos esperaremos a que un vendedor experto nos asesore y nos aconseje en nuestra compra. Somos compradores y, evidentemente, necesitamos a un vendedor.

El estilo serio, amable y educado funciona bien con quien espera que le vendan. Una venta planeada detalladamente muestra claramente cómo los beneficios se corresponden a las necesidades y cómo las objeciones pueden superarse. Al fin y al cabo, es lo que cabría esperar siempre. El estilo influyente, a veces conocido como «puente» *(bridging)*, da buenos resultados con aquellas personas que no pueden soportar una técnica persuasiva evidente. Hay tres maneras para tener éxito con este método. La primera es descubrir

el punto de vista del cliente mediante preguntas prudentes. De este modo pueden conocerse sus valores y creencias. Después hay que demostrar que se comparte su punto de vista. Finalmente hay que conseguir que el cliente acepte elogiando sus ideas y sugerencias. Evite el desacuerdo. Demuestre siempre que pueda cómo sus propuestas encajan con sus ideas y sentimientos. Las técnicas de ventas sólo son buenas si el cliente compra. La personalidad extravertida acostumbra a aceptar mejor la presencia del vendedor. Sin embargo, conviene que esté seguro de que la persona a la que intenta vender no es introvertida dominante o sumisa. Si es así, habrá que cambiar de táctica.

El estilo negociador

Para mucha gente hay poca diferencia entre regatear y negociar, o entre negociar y vender. A menudo una venta termina en una sesión regateadora y los límites no se distinguen. El arte de regatear es tan viejo como la misma historia humana. Adam Smith, un economista del siglo XIX, afirmó: «El hombre es un animal que regatea. Ningún otro animal lo hace; ningún perro intercambia unos huesos por otros». Cuando un vendedor se encuentra con un comprador en potencia por primera vez hay un desequilibrio. El deseo de vender puede ser mucho mayor que el de comprar. Mediante la negociación creativa se puede aprovechar, ya que se puede entusiasmar al comprador e igualar la intensidad de ambos deseos. Propuestas y contrapropuestas conducen eventualmente a una solución de mutuo acuerdo. Al tratarse de las mismas necesidades, el vendedor podrá actuar con entera seguridad.

Lo único que debe tener presente cualquier persona que esté a punto de embarcarse en este tipo de negociaciones para obtener resultados es cuánto debe durar la relación con el cliente.

Si la respuesta es «poco tiempo» entonces puede no valer la pena conducir una negociación justa. Esto no implica el uso de tácticas ilegales, engaños o trampas que acabarían por desacreditarle. Tan sólo habrá que procurar que el beneficio real de la negociación se corresponda con el tiempo y el esfuerzo que desea invertir. En el caso de que intente establecer una relación duradera con su cliente, lo mejor es estudiar la situación para saber hasta dónde se puede ceder. Muchas veces una victoria modesta ha sido el preludio de un trabajo mucho más fructífero.

La flexibilidad permite negociar concesiones. Se regala muy poco. No es sorprendente que todo funcione bien con cualquier persona que espera negociar el resultado final. Pero para ello hay que tener en cuenta unas reglas elementales:

- Márquese unos objetivos ambiciosos, ya que deberá bajarlos durante su negociación y debe salvaguardar sus verdaderos intereses. Sin embargo, no hay que exagerar, ya que el cliente abandonará nada más empezar.

- Descubra lo que el cliente quiere antes de comenzar la negociación. Seguramente tiene una lista de intereses y a menos que los enumere cuidadosamente antes de iniciar el diálogo, lo más probable es que le obligue a aceptarlos. Después, cuando no le queden más concesiones por negociar estará obligado a ceder ante sus peticiones para llegar a una solución final.

- No regale nada. Cada concesión implica otra. Cada vez que dé algo a su cliente, debe obtener otra cosa a cambio. Todo puede negociarse: concesiones de tiempo para reducir el coste, abandonar más tarde la casa que le ha alquilado para no devolver la fianza, pedir un coche mejor a cambio de un aumento mínimo de salario, etc. Sin embargo, hay que tener en cuenta el valor de cada concesión. Es fácil decir sí a una petición que parece que tiene poco valor, pero ¿ha pensado en lo que representa para su cliente?

• Sea flexible. Continúe buscando la salida, aunque sea la más improbable, a cualquier punto muerto en el que pueda encontrarse. Sin embargo, hay que tener en cuenta que los dos bandos quieren negociar una solución, por lo que no debería haber ninguna necesidad de discutir, ya que no es la mejor manera de encontrar una solución.

EJERCICIO. Cómo elegir el estilo más adecuado

1. Imagine que debe preparar una negociación. Elabore sus objetivos y téngalos claros en su mente.

2. Piense atentamente en la persona que desea convencer. Analice sus posibles valores y creencias. ¿Qué es importante para ella? ¿Cuáles son sus pensamientos? Piense las posibles objeciones que pueda presentar ante sus propuestas.

3. Escoja dos de los estilos influyentes mencionados. Planee su actuación de manera directa, cooperadora, pasiva, lógica y emotiva, por ejemplo.

4. Pida a un amigo o colega que represente estas situaciones con usted. Explíquele que interpretará la misma situación recurriendo a estilos diferentes.

5. Interprete las situaciones de modo consecutivo y sin ningún tipo de comentario o discusión.

6. Evalúe las interpretaciones. Reflexione acerca de las impresiones que han tenido usted y su amigo a lo largo de la entrevista. Discuta los cambios que ha habido a lo largo de la representación.

7. Considere cómo pueden aprovecharse sus impresiones de cara a futuras negociaciones.

RESUMEN

1. Cada persona y cada negociación requieren un estilo particular.

2. En función del resultado deberá escoger el estilo más adecuado y seguirlo hasta el final.

3. Sólo debe cambiar de estilo cuando note que no va a conseguir lo que se propone.

4. Cuantos más estilos de negociación conozca, más posibilidades tendrá de adaptarse a cualquier situación y salir airoso de ella.

5. Conviene desarrollar sus capacidades de adaptación para tener más probabilidades de obtener los resultados esperados.

6. La flexibilidad y la capacidad de adaptación deben ser la clave de su éxito.

CAPÍTULO 9
VENCER LA RESISTENCIA

Uno puede quedarse quieto ante un arroyo,
pero no ante los hombres.

PROVERBIO JAPONÉS

Persuadir es como una carrera de caballos. Al principio suele ser fácil, pero después vienen los obstáculos. Es inevitable que su cliente se resista a sus propuestas. Este capítulo muestra cómo reconocer los obstáculos y vencerlos.

¿POR QUÉ NOS RESISTIMOS A LA INFLUENCIA DE OTRA GENTE?

Retroceda en el tiempo y piense en un momento que estuviera a punto de aceptar una propuesta cuando, por algún motivo, se sintió desilusionado y echó marcha atrás en el último minuto. Lo más probable es que no le explicara a la otra persona por qué había cambiado de opinión. Puede que hubiera resultado embarazoso explicárselo. Muchas veces, este tipo de comportamiento indica que algo no ha quedado claro. Puede no tener ninguna relación con la naturaleza de la oferta, puede que no sean los costes que supone ni tampoco el tiempo. Tal vez le hayan atendido mal.

Fíjese en este ejemplo. Un amigo mío, Chris, estaba animado por la idea de comprar un coche de segunda mano para su mujer. Trabajaba en la ciudad y aprovechaba la hora para comer para ir a mirar los concesionarios. Un viernes encontró justamente el coche que andaba buscando: un Volkswagen que sólo había tenido un dueño hasta ahora, con techo corredizo, radio y en un color que sabía que gustaría a su mujer. Aquel fin de semana retiró el dinero de su banco y fue con Anne a comprarlo. Al cabo de diez minutos salieron sin el coche. ¿Por qué sucedió esto? El coche estaba bien, el precio era razonable y Anne estaba satisfecha. ¿Qué es lo que se interpuso entre su deseo y su voluntad de tomar una decisión de compra? Algo ocurrió que les quitó las ganas de comprar. Fue el servicio que recibieron.

Entraron en el concesionario, animados y con ganas de comprar el coche, pero no había nadie a la vista. Se esperaron cinco minutos. No apareció nadie. Cuando finalmente llegó, la vendedora no sabía nada de la visita previa de Chris ni tampoco pudo encontrar los documentos que él había rellenado. «¿Podría volver un poco más tarde? El gerente ha salido a comer pero estará de vuelta a las dos y media.»

Compraron el coche la semana siguiente, pero no fue un Volkswagen ni lo compraron en ese concesionario. Seguramente la vendedora no conseguía explicarse por qué no habían comprado el modelo ni por qué la ilusión que tenía

Chris el viernes se convirtió en amargura el sábado.

LAS SIETE FASES DE TODA DECISIÓN

Siempre que alguien intenta persuadirnos nos vemos obligados a tomar decisiones. De un modo casi inconsciente, iniciamos una especie de viaje mental por nuestros deseos y dudas que puede durar unos segundos, algunas horas o incluso más de una semana. Sea cual fuere su duración, el resultado siempre será el mismo: la decisión de seguir adelante o no.

Este recorrido se articula a través de siete etapas o fases claramente definidas.

Primera fase: descubrir

Nuestro interés por una idea o una propuesta debe decidirse y mantenerse desde el principio. Todo puede comenzar cuando al pasar por delante de un escaparate vemos un artículo y nos llama la atención, o bien cuando leemos el titular de un anuncio o escuchamos cómo un amigo habla con entusiasmo sobre una experiencia reciente. Sea lo que sea, algo o alguien atrae nuestra atención y la retiene durante el tiempo suficiente como para que comencemos a sentir un cierto deseo.

Segunda fase: reflexionar

Ahora que nuestra atención ha sido atraída empezamos a formularnos una serie de preguntas. ¿Realmente lo necesito? ¿Para qué me servirá? Cuando estamos prácticamente convencidos de que es lo que necesitamos, comenzamos a indagar en el artículo que deseamos comprar. En ese instante pasamos a la tercera fase.

Tercera fase: analizar

En esta fase intentamos comprobar si el producto cumple con varios requisitos, tales como la inversión, el valor, el tamaño, el color, la calidad, la duración, el servicio, etc. Por otra parte, también se puede estudiar la reacción que tendrán sus futuros usuarios. Si seguimos adelante, ¿qué efecto tendrá en otros esa decisión? Una vez que hemos encontrado las respuestas adecuadas, pasamos a la siguiente fase.

Cuarta fase: desear

Cuando estemos convencidos de que necesitamos realmente ese artículo, inmediatamente tendremos ganas de conseguirlo. Sentimos la necesidad de tenerlo. Sin embargo, el proceso no se acaba aquí.

Quinta fase: valorar

Es aquí cuando sometemos a un análisis objetivo el coste y los beneficios que supondrá nuestra elección. Es preciso hacer sopesar nuestro deseo en relación con los costes para hacernos una idea de la relación calidad-precio. Puede que decidamos reexaminar otras propuestas o soluciones alternativas antes de comprometernos. En muchos casos, es en esta fase cuando solemos darnos cuenta de que los costes pesan más que el deseo y hacen que la propuesta sea atractiva pero imposible.

Sexta fase: decidir

Aunque no siempre conseguimos decidirnos, por lo general estamos a puntos de aceptar la propuesta. Tal vez deseemos hacer algunas consultas antes de comprometernos. Seguramente hay planes de ejecución que deben prepararse y acordarse. A mucha gente le gusta reflexionar un poco más antes de decidirse.

Séptima fase: aceptar

Sin duda es la más importante. La necesidad de comprobar nuestra decisión y asegurarnos es muy fuerte. Un colega me contó hace poco que compró un bolso a su novia en un zoco en Estambul. Después de regatear estuvo satisfecho con el trato. O eso creía. En otra calle vio una tienda que vendían otros iguales y se dejó llevar por algo que le hizo entrar en la tienda para comprobar que

había hecho un buen trato. Afortunadamente, aunque eran más baratos, no eran tan bonitos. Si le timaron o no, no es la cuestión. Quedó finalmente satisfecho de la decisión que había tomado.

Cuando debemos tomar decisiones, nos vienen a la cabeza muchas ideas. «¿Confío en la persona que me hace la propuesta? ¿Necesito cambiar? ¿Estoy contento tal como van las cosas? ¿Por qué tengo que decidirme ahora? La propuesta está bien, pero ¿qué pasará dentro de seis meses o un año? ¿Realmente, puedo permitírmelo?»

Cualquier decisión provoca la aparición de estos mecanismos de defensa. A veces las primeras respuestas son imprecisas y poco seguras precisamente para darnos un poco más de tiempo para reflexionar. Algunas personas nunca toman decisiones precipitadas y, por el contrario, hay otras que prefieren fiarse de su intuición. Tomar decisiones es ciertamente embarazoso: nos sentimos inseguros y muchas veces nos da reparo pedir al vendedor un poco más de tiempo.

Utilizar palabras inapropiadas

Hay ciertas palabras y frases que pueden ocasionar la resistencia de otras personas casi al instante. El

---

EJERCICIO. Las fases de una decisión

Recuerde una decisión reciente que haya tomado (incluso si fue una decisión de no hacer algo). Acuérdese de los pasos que siguió para llegar a su decisión.

- **Descubrir:** ¿Qué fue lo que despertó su interés?

- **Reflexionar:** ¿Cuáles fueron las necesidades y los deseos específicos que satisfizo la propuesta?

- **Analizar:** ¿Qué preguntas hizo para conocer más detalles?

- **Desear:** ¿Cómo justificó la decisión final de continuar adelante?

- **Valorar:** Ante la posibilidad de aceptar, ¿comparó la relación calidad-precio con su deseo? ¿Cómo lo hizo?

- **Decidir:** ¿Cómo se decidió? ¿Poco a poco y tras muchas reflexiones? ¿Rápidamente, sin pensar en ello? ¿Consultó a otras personas antes de responder?

detector de mentiras se basa en el test de asociación de palabras originales de Jung para descubrir la naturaleza de los complejos inconscientes. Se lee en voz alta una lista de cien palabras a la persona a quien se le hace el test. Se le pide que responda a cada una con la primera palabra que se le ocurra. La mayoría de términos suelen ser neutros y las respuestas que se dan también. Sin embargo, se introducen ciertas palabras clave que permiten sacar a la luz posibles conflictos latentes. Una asociación inusual o una demora prolongada revela las complejidades del test.

Las palabras, su contexto y las formas en que se evalúan delimitan un área muy subjetiva sobre la que todavía se está investigando. Para nuestro cometido, nos bastará considerar algunas palabras o frases que provocan la resistencia del oyente. Benjamin Franklin tenía una estrategia útil para decirles a sus contertulios lo que pensaba, mantuviese una buena relación con ellos o no:

Desarrollé la costumbre de expresarme en términos de una modesta falta de confianza en mí mismo. Cuando introducía cualquier argumento que podía ser discutido evitaba el uso de las palabras «naturalmente», «sin ninguna duda» o cualquier otra que pudiera transmitir una idea de ser favorable a una opinión. Más bien decía que creía o percibía que una cosa era esto o lo otro: «me parece», «no debería pensar esto por esta y estas otras razones», «creo que es así» o «es esto, si no me equivoco».

Creo que esta costumbre me ha sido muy ventajosa cuando he tenido la ocasión de inculcar mi opinión y persuadir a otros de otras medidas que de vez en cuando me he encargado de promover.

La relación entre dos personas suelen ser muy provechosas cuando las emociones son positivas. Cuando intentamos convencer a otras personas, nuestro objetivo debería ser siempre evitar que nuestro interlocutor tenga una respuesta emocional negativa y procurar que el encuentro sea siempre positivo o, al menos, neutro.

Aquí tenemos otras palabras que casi nos garantizan la obtención de una respuesta negativa:

* *Pero*
«Estoy totalmente de acuerdo con usted, pero...» ¿Qué significa esto? Estás diciendo: «No estoy totalmente de acuerdo con usted». Esto es exactamente lo contrario de las palabras empleadas. Se puede decir que la palabra *pero* es una de las palabras más peligrosas. Su uso invierte inmediatamente el mensaje principal y crea una resistencia instantánea en la

persona que escucha. En el futuro intente sustituir *pero* por *y* cada vez que deba recurrir a esta palabra. El ejemplo anterior quedaría, de este modo, así: «Estoy totalmente de acuerdo con usted y yo diría que...».

● *Estoy en desacuerdo*
Y puede estarlo, pero nunca se lo diga a su interlocutor. Diga en cambio: «Entiendo su punto de vista y creo que todavía hay una manera más eficaz de conseguirlo».

● *Supongo*
No suponga nada. Incluso si su idea es acertada, su interlocutor puede sentirse impelido a negarla. Pruebe con algo más suave: «Además, es correcto pensar». Esto deja abierta la posibilidad de que su idea pueda ser incorrecta y pueda ser corregida. Sin embargo, si usted no enfatiza demasiado, el error pasará desapercibido.

¿Qué significa esto?

Aparte de palabras simples como *pero* y *si*, las frases siguientes pueden transmitir un significado muy negativo a la persona que escucha.

● Hay algunas desventajas.

● Sólo hay un pequeño incremento del volumen de trabajo.

● No puedo esperar que no haya algunos retrasos.

● Espero que no esté demasiado ocupado para verme.

● Nos costará una fortuna.

● La reunión no fue una completa pérdida de tiempo.

● Con el debido respeto...

● Oigo lo que dice.

● Siéntase libre para decir que no.

● No sé cómo decirlo.

● Seguro que pensará...

¿De quién es la decisión de poner valor en estas afirmaciones: suya o de su cliente? ¿Cómo puede mejorar estas afirmaciones y estar seguro de que el mensaje que ha decidido dar es el que se recibe?

Información insuficiente

A menudo, la resistencia a ciertas ideas o propuestas es el resultado de una información insuficiente. Muy a menudo, mientras una persona habla, oímos sólo una parte de lo que se está diciendo. Esto no es necesariamente el resultado de no escuchar. Muchas veces es el resultado de una leve distracción, tal como sucede en el ejemplo siguiente.

Vendedor: Creo que encontrará que el nuevo sistema funcionará bien para la gente que acaba de empezar en la compañía. Seguramente se habrá preguntado más de una vez cuál sería la inversión para actualizar el equipo e incrementar los beneficios. Así, ¿qué cree? ¿Seguimos adelante?

Cliente: Creo que debería pensarlo antes. Estoy muy ocupado en estos momentos. Le agradecería que pospusiéramos la entrevista hasta que acabe el proyecto que tengo entre manos. ¿Qué le parece dentro de tres meses? Entonces habré tenido tiempo para informarme un poco más y poder decidir con un criterio formado.

Entre las cincuenta palabras que el vendedor pronunció estaba la frase «la gente que acaba de empezar en la compañía». Sin que él lo sepa, esta frase es todo lo que usted oyó. Le afectó mucho porque está preocupado con el actual mecanismo de contratación. En ese momento el cliente comienza a pensar en los anuncios que deben reservarse, los medios de comunicación seleccionados, el personal entrevistador, etc. Mientras tanto, el vendedor está convencido de que escuchó las palabras clave «cuál sería la inversión para actualizar el equipo e incrementar los beneficios».

Falta de convicción

Hay personas que se resisten desde el principio. No hay manera de que cambien de opinión. Empiezan y acaban el proceso con las mismas ideas. Las razones de esta situación pueden ser varias:

✔ no les cae bien el vendedor (las habilidades de buena comunicación son pobres);

✔ ya han probado la idea en alguna ocasión y fracasó;

✔ conocen a alguien que ya probó la idea y que tuvo una mala experiencia;

✔ ya han incorporado su propuesta a su sistema;

✔ no creen que sea necesario cambiar.

En el diálogo siguiente entre el vendedor y su cliente también intervienen otras fuerzas que evitan que se tome una decisión.

Vendedor: Estoy seguro de que estará convencido de que mi propuesta le ahorrará tiempo y dinero. ¿Continuamos con ella?

Usted: Creo que lo mejor será que me espere un poco. Quizá podría volver a verme dentro de un par de meses.

En este caso el cliente sigue sin estar convencido de los beneficios. No es una cuestión de tiempo: lo que necesita es convencerse a sí mismo.

PREVER CUALQUIER OBJECIÓN

Imagine por un instante que usted es un buen yóquei con años de experiencia. Hoy debe correr en una pista poco familiar. Habiendo llegado más tarde de lo que pensaba, se encuentra que no tiene tiempo para examinarla y ver con sus ojos las curvas y los saltos que tiene por delante. Monta, toma las riendas y la puerta de salida se abre. Es una carrera como casi todas —curvas normales, buen galope— y no hay que temer nada. Está a unos tres cuerpos por delante, si continúa así, el premio será suyo. Se acerca a las vallas: sólo media docena, lo habitual. Supera las tres primeras casi sin darse cuenta. Cuando se aproxima a la cuarta, su caballo se detiene, da la vuelta e intenta saltar. Los cascos rozan la parte superior, la caída es torpe y usted se encuentra en el suelo. La carrera ha terminado.

Se queda al margen de la pista mirando cómo los otros caballos pasan rápidamente.

Las objeciones son las vallas que a buen seguro usted encontrará en cada entrevista con sus clientes. Si está preparado, le será fácil superarlas y conseguirá su objetivo. Sin embargo, si no consigue hacer frente a ninguna, sus dotes de persuasión serán cada vez menos eficaces.

Utilizar la empatía

Antes de empezar a persuadir a alguien, póngase en su puesto. Imagine lo que pensaría acerca de la propuesta si se la hicieran a usted. ¿Qué dudas, miedos, temores u objeciones tendría? ¿Quizá le preocuparía la financiación de la propuesta? ¿Estaría a punto para decidir llevarlo hacia delante, o preferiría pensárselo? ¿Involucraría a alguien más en el proceso de decisión? ¿Tal vez su jefe, su compañero o su asesor financiero? ¿Consideraría válidas otras opciones? ¿Le gustaría echarles un vistazo antes de tomar una decisión? ¿Quizá se siente feliz con la posición actual y no necesita cambiar?

Si se pone en el lugar de otra persona, será capaz de ver la mayoría de objeciones mucho antes de que se presenten y conocerá la posible respuesta. Quizá sea incluso posible contestar la objeción antes de que se presente. «Me doy cuenta de que está preocupado por algunos detalles. Sé que mi solución parece un poco cara a primera vista, pero le aseguro que...»

¡Cuidado! No olvide que *pero* es una palabra peligrosa. ¿Y si anticipa la objeción? Puede presentarla usted mismo y responderla. ¿Puede crear dudas o miedos innecesarios en la mente de la persona a quien desea convencer? A veces es mejor dejarlo correr. Si no introduce el problema, puede que nunca llegue a presentarse. Sea como sea, debe decidir cómo tratará las objeciones anticipadas y reconocerá la pista antes de construir su argumento y tomar parte en la carrera.

LAS TRES REGLAS PARA PREVER CUALQUIER OBJECIÓN

Toda planificación hecha a conciencia acaba dando buenos resultados. Muchas personas son impulsivas y no hacen planes con anticipación. De hecho, no pasa nada si encuentran algún problema, ya que siempre pueden intentar solucionarlo cuando se presenten. Hay que tratar la planificación como si fuera una inversión. La dedicación que se in-

vierta en esta fase tendrá sus resultados a largo plazo. A continuación, puede leer las tres reglas con las que no deberá preocuparse nunca más sobre lo que debería hacer si la otra persona rechaza sus propuestas.

Primera regla: responder a cada objeción

Una vez acompañaba a un vendedor, Mike, en sus visitas a domicilio para ver qué formación necesitaba. Lo hacía bastante bien. Sin embargo, hacia el final de la conversación, el cliente comentó que estaba muy contento con su suministrador actual. Se hizo un largo silencio. Mike miró al suelo, después al techo y finalmente a mí. Murmuró una respuesta larga y confusa, que el cliente no aceptó, y unos minutos más tarde nos fuimos. Una vez en el coche, Mike me miró y me dijo: «Sabía que me iba a salir con esas». Me mordí la lengua y no dije nada. No había sido una buena mañana, así que decir lo que pensaba en ese momento no hubiera ayudado en nada. Quería gritarle «¡por el amor de Dios, Mike! ¿Cómo puedes entrar en la oficina de ese señor sabiendo lo que va a decir y no tener una respuesta a punto?».

Siempre hay que tener preparada una respuesta elegante

a cualquier objeción que pueda presentarse. Ensáyela, recuérdela, pruébela con un amigo y estudie su reacción. ¿Tenía sentido su respuesta y era consistente?

Segunda regla: ser breve

¿Cómo se siente usted cuando responden a sus preguntas con unas respuestas que resultan largas y confusas?

Casi siempre estas respuestas acaban siendo molestas. Algunas personas incluso tienen la sensación de que las están engañando. Dé siempre la información adecuada para responder a la objeción, ni más, ni menos. Intente evitar repetir sus argumentos. Escriba sus respuestas a cualquier objeción que pueda anticipar; le ayudará a clarificar sus ideas. Deje a un lado la respuesta escrita por un momento. Cuando la revise se encontrará con que puede prepararla y dar una respuesta más corta y concisa.

Tercera regla: asegurarse de que se ha respondido a la objeción

Las personas persuasivas con éxito lo hacen todo el tiempo. Sólo porque usted piense que ha trabajado con una objeción, no

significa que la otra persona piense lo mismo. Las dudas pueden permanecer, puede que hayan interpretado mal su respuesta. Lo mejor es preguntarle abiertamente si ha respondido a su pregunta, si ha solucionado el problema, si está convencido o si tiene alguna duda más.

Otra frase eficaz podría ser la siguiente: «Antes de continuar, me gustaría saber si he respondido satisfactoriamente a sus dudas».

Haciendo esta pregunta directa obliga a la otra persona a estar de acuerdo o en desacuerdo en un momento crucial del diálogo. Si no formula esta pregunta, ¿cómo estará seguro de haber respondido a su objeción? ¿Cómo sabe que no volverá a presentarse otra vez?

Quizás al final de la conversación le diga su cliente: «Me gustaría pensármelo, hay todavía algunos puntos que tengo que revisar».

LOS DIFERENTES TIPOS DE OBJECIÓN

Aunque hablemos libremente sobre personas que se resistan a nuestras propuestas o que presenten una objeción a la que no podemos responder, siempre existe un cierto parecido con otras. Cuando un cliente se resiste a una propuesta, normalmente recurre a un tipo de objeción preciso.

Primer tipo: la condición objetiva

Una condición objetiva es una razón tajante que impide al cliente aceptar una propuesta determinada.

No existe una alternativa posible. Las tres condiciones principales con las que va a encontrarse con toda probabilidad son las siguientes:

- Ya tengo lo que usted propone. No veo la necesidad de volverlo a adquirir.

- No puedo tomar la decisión yo solo (aunque una buena planificación ya debería haber revelado este hecho con anterioridad).

- No puedo aceptar esa propuesta porque va en contra de la política de la compañía.

Fíjese que las objeciones «no tengo dinero», «no es el momento adecuado» y «quiero pensármelo» no están incluidas en esta lista de condiciones.

Todas estas objeciones pueden ser contestadas si se ensaya un poco y no se deja espacio a la improvisación.

Cuando esté seguro de que la respuesta de su cliente contiene una condición objetiva, dé marcha atrás. No fuerce más la conversación. Es mucho mejor replantear la propuesta; puede que haya una solución al problema. Hable con otra gente, escuche sus opiniones y experiencias y vuélvalo a intentar más tarde.

No puede en ningún momento obligar a su cliente a que tome una decisión para la que no está autorizado. A veces se requiere más valor para retirarse de una situación de derrota que continuar batallando sin éxito.

Recuerde siempre la antigua plegaria:

> *Danos la serenidad para aceptar lo que no se puede cambiar, el valor para cambiar lo que debe ser cambiado y la sabiduría para distinguir una cosa de la otra.*
>
> R. NIEBUHR

Segundo tipo: el malentendido

A menudo un cliente se opondrá a una propuesta porque interpreta mal algún aspecto. Quizá se hayan alterado las circunstancias desde la primera vez que oyeron sus ideas. Quizás ha alterado su propuesta para incluir detalles que no existían antes. El malentendido es fácil de reconocer y de resolver.

Cliente: No me es posible tomar una decisión hoy. Necesito tiempo para pensar en lo que está diciendo.

Vendedor: No hay ningún problema. Por favor, tómese el tiempo que necesite; piense que el proyecto no empezará hasta dentro de seis semanas. Mientras tanto, podemos aprovechar para estudiar más atentamente cómo afectará al control de producción.

El vendedor piensa que pueden presentarle alguna objeción, reconoce que es un malentendido y lo aclara. Fácil, ¿verdad?

Tercer tipo: excusas y tácticas evasivas

Para la mayoría de nosotros, las excusas y las tácticas evasivas pueden encontrarse entre las objeciones más difíciles de tratar porque son las que cuestan más de identificar. No puede saberse a ciencia cierta si frases como «no puedo permitírmelo», «tengo que hablarlo con mi mujer» o «este no es el mejor momento» son verdade-

ras. Pueden serlo, pero también puede tratarse de excusas.

El siguiente diálogo es un caso típico en el que el cliente busca desesperadamente una excusa porque, por alguna razón, no se siente capaz de negarse. Fíjese en las señales delatoras que sugieren que estas puedan ser excusas.

Vendedor: De acuerdo. Hemos examinado con profundidad los costes. ¿Qué tal si nos volvemos a ver el próximo día diecisiete?

Cliente: Hum... No, no me va bien. Esa semana estoy muy atareado.

Vendedor: De acuerdo. ¿Y la semana que empieza el veintiuno, qué tal?

Cliente: Eh... Esa semana estoy de vacaciones.

Vendedor: No pasa nada. Su ayudante, Joseph, estará. Él y yo podemos empezar a instalar el sistema mientras usted no está.

Cliente: Hum... Sí, pero Joseph no está muy familiarizado con los detalles.

Vendedor: En ese caso podríamos pedirle a Chris, el director de sistemas, que nos ayudara.

Cliente: Hum... Prefiero que Chris se ocupe de otro proyecto por el momento.

Y así una vez detrás de otra. Cada vez que sugiere lo que parece ser una solución perfectamente aceptable a los problemas que presenta, se encuentra con una contestación aparentemente igual de lógica. ¿Se ha fijado en las señales delatoras?

- Uso de sonidos como «hum» y «eh».

- Se dio una «razón» diferente cada vez que el problema parecía resuelto.

- Uso de la expresión «sí, pero».

La razón por la que se recurre a una excusa en vez de a una objeción lógica es que el cliente no está convencido. Esto es grave, ya que para persuadir a una persona de que adopte su propuesta, primero hay que convencerla de que vale la pena.

Algunas de las razones por las que puede comprenderse la incertidumbre de un cliente hipotético son las siguientes:

- No ve lo que usted sugiere como una necesidad.

- No se ha molestado en reflexionar sobre sus necesidades.

- Ve que tiene una necesidad pero sigue sin convencerse de los beneficios de su propuesta.

- No ve cómo puede beneficiarse de los beneficios que ha descrito.

- Ha interpretado mal sus necesidades y los beneficios de los que habla no son correctos.

- No ha desarrollado una buena relación.

- Le ve como un vendedor ambicioso.

- No cree en lo que usted dice.

- Es prudente por naturaleza y siempre lo examina todo atentamente antes de aceptar.

- Nunca tuvo la intención de aceptar sus sugerencias.

Cada una de estas razones puede ser grave. Lo mejor en estos casos es dar marcha atrás y replantear la estrategia. Hable con otras personas acerca de su problema. Quizá se hayan visto en situaciones similares con esta persona y puedan echarle una mano en sus dificultades. Prepare una representación adecuada que refleje los temas al máximo y lleve a cabo la actuación siendo usted quien interpreta el papel de la persona a quien se convence. Puede ser una prueba muy valiosa, ya que seguramente experimentará algunas de las sensaciones que él tiene cuando está con usted. La empatía es precisamente eso: ponerse en el lugar de otra persona.

Cuarto tipo: objeciones reales

Si las objeciones que oye no son condiciones, malentendidos o excusas, entonces seguro que son reales. Las objeciones o resistencias reales son fáciles de superar porque proceden de una situación concreta.

A veces presentamos objeciones porque buscamos más información o seguridad. ¿Cuántas veces se ha ido de una tienda habiendo comprado un producto o servicio que pensó que era bastante caro? En su estómago se le hace un nudo por la culpa o la duda. ¿Debía haberlo comprado? ¿Puede justificarlo? ¿Qué dirá su mujer? Esta sensación es muy habitual. Estos «remordimientos del comprador» indican que el dependiente no consiguió el equilibrio entre la preocupación por el coste y los beneficios obtenidos.

Así, cuando alguien dice «creo que cuesta demasiado», puede estar pidiendo mayor información sobre los beneficios que ayudarán a la otra persona a diseñar su propia lista de razones para cuando deba explicar las causas de su decisión.

Aquí tenemos una lista de las objeciones típicas acompañadas de respuestas clásicas. Pero tenga cuidado: las respuestas clásicas de los libros de texto están muy bien pero pierden rápidamente su vigencia. Como cada día hay más gente que las utiliza, acaban siendo muy repetitivas. Así que mientras lee y aprende las respuestas clásicas empiece a pensar en la manera de adaptarlas y en qué circunstancias deberá utilizarlas.

Costo

Pregunte a cualquier vendedor profesional cuál es la objeción más frecuente y le contestarán que es el costo, el dinero, el presupuesto, su precio (demasiado caro o demasiado barato), etc.

Aquí le presentamos algunos métodos que puede adoptar. El esquema matemático proporciona un marco simple y útil que puede utilizarse como frase nemotécnica a la hora de ordenar sus respuestas.

SUMAR, RESTAR, MULTIPLICAR Y DIVIDIR

La objeción del tipo *sumar*: «Su idea es *más cara* que el método existente».

Respuesta: «Sí, *parece* más cara a primera vista; aunque realmente aporta beneficios *adicionales*». (De este modo se subrayan las ganancias adicionales de la propuesta.)

La objeción del tipo *restar*: «El método que utilizamos es *menos caro* que su propuesta».

Respuesta: «Sí, tiene razón, es *más barato*; aunque *no proporciona* tantos beneficios». (Al responder a una objeción de este tipo se muestran todos los beneficios potenciales de una propuesta.)

La objeción del tipo *multiplicar*: «Eso cuesta *mucho más* de lo que me esperaba».

Respuesta: «Sí, es bastante caro. Pero recuerde que nuestros productos son de *gran calidad* y que debería estar dispuesto a pagar un poco más por nuestro prestigio». (Este tipo de objeción permite subrayar otras ventajas como la calidad o el prestigio. La calidad se recuerda mucho más después de olvidar el precio.)

La objeción del tipo *dividir*: imagine la siguiente conversación:

— Esto resulta ser un poco más de lo que pensaba que me iba a costar.

— ¿Cuánto está dispuesto a pagar?

— Unas ochenta mil pesetas.

— Así, yo había pensado que la suma total eran ochenta y cinco mil. Hablamos de un margen de aproximadamente cinco mil pesetas, ¿verdad?

— Así es.

— No hay ningún problema. La duración estimada es de más de cinco años, lo que quiere decir que cada año gastará mil pesetas más. El coste de unos pocos litros de gasolina.

(Dividir reduce la diferencia entre el gasto estimado y el actual al denominador común más bajo. Si la cifra es muy reducida, puede compararse con el gasto diario de la gasolina, el periódico o el pan.)

Tiempo

Falta de tiempo, exceso de tiempo, pérdida de tiempo... Se exprese como se exprese, el tiempo suele ser una de las razones por las que no se toma una decisión.

Cliente: Ahora mismo es demasiado pronto.
Vendedor: Entonces, ¿cuándo le va bien a usted que nos volvamos a ver?
Cliente: Oh, no será antes de un par de meses.
Vendedor: Siento que hayamos perdido la oportunidad, pero es alentador saber que hacen una revisión de estas cosas de vez en cuando. ¿Cuándo creen que será la próxima?
Cliente: Probablemente dentro de un año.

Vendedor: Bien. Podemos aprovechar todo este tiempo para elaborar la idea y ajustarla aún más a sus necesidades. Dígame, ¿para cuándo creen que se proyectará su revisión?

Cliente: No estoy completamente seguro.

Vendedor: Comprendo. Pero si tuviera que proyectar una revisión, ¿cuál sería el mejor momento para comenzar a preparar un proyecto adecuado?

Da igual la fecha que le den: presente sus propuestas antes del plazo que le han dado. Si no, lo más seguro es que alguien se le adelante.

EJERCICIO. Vencer la resistencia a sus ideas y propuestas

Escriba las objeciones que le preocupan más. ¿Cómo las responderá en el futuro?

1. ....
2. ....
3. ....
4. ....
5. ....
6. ....
7. ....
8. ....
9. ....

EL ANÁLISIS DE FUERZAS

Convencer significa modificar una situación.

Muy a menudo nos encontramos con que existe una solución inusual o innovadora que puede aplicarse fácilmente. Con cierta frecuencia, algunas organizaciones, departamentos, clubes o familias tienen problemas provocados por descuidos o fallos que al principio no tenían demasiada importancia. Esto se debe al hecho de que el problema puede verse como un equilibrio de fuerzas con direcciones opuestas que deben tenerse en cuenta a la hora de resolverlo.

El campo de fuerza de un problema está formado por todos aquellos temas y cuestiones en los que sus intereses (fuerzas conductoras) choquen con los del cliente (fuerzas moderadoras). Si existen más fuerzas moderadoras que conductoras el resultado puede ser negativo para usted. En estos casos debe incrementar la intensidad de las fuerzas conductoras reforzando sus argumentos y añadiendo otros nuevos. Sin embargo, hay que prever que su oponente puede seguir su misma táctica de la misma manera.

La mejor estrategia es decidir cuáles son las fuerzas moderadoras más importantes y neutralizarlas.

Una de las mejores maneras de resolver un problema es analizar el campo de fuerzas. Da muy buenos resultados a la hora de convencer al cliente de sus puntos de vista y anular los suyos. Es muy importante que usted se arme de tantas fuerzas conductoras como le sea posible. Tenga en cuenta que su oponente tendrá con toda seguridad un amplio repertorio de fuerzas moderadoras para hacerle frente.

Cómo analizar un campo de fuerza

1. Escriba el objetivo deseado en un cuadro en el centro y dibuje una línea que divida la página en dos partes.

> Renovación de plantilla reducida

2. Haga una lista de todas las fuerzas conductoras potenciales.

Esta es una manera muy provechosa de preparar sus posibles líneas argumentales.

Para hacerlo de la mejor manera posible siga estos consejos:

✔ reúnase con unos cuantos amigos creativos;

✔ busque la cantidad antes que la calidad;

✔ absténgase de juzgar o evaluar en este nivel;

✔ no se olvide de preparar una lista con las posibles fuerzas moderadoras. Es mejor estar preparados.

En la parte izquierda del cuadro enumere las fuerzas conductoras y dibuje una flecha que vaya hasta la línea central para cada una de ellas.

> Renovación de plantilla reducida

Fuerzas conductoras

Mejor servicio al cliente

Rebaja del coste de selección de personal

Menor tiempo de formación

3 En la parte de la derecha haga lo mismo con las fuerzas moderadoras: copie cada idea y dibuje una flecha que la lleve a la línea central.

Renovación de plantilla reducida	
Fuerzas conductoras	**Fuerzas moderadas**
Mejor servicio al cliente	Mayor supervisión
Costes de reclutamiento reducidos	Incremento de los índices de salario medio
Menor tiempo en la iniciación	Estructura de profesión planificada

La longitud de las flechas puede utilizarse para indicar las fuerzas más fuertes o las más débiles; por ejemplo, cuanto más larga sea la flecha, más fuerte será la fuerza.

Ahora que tiene un conocimiento más ajustado de las fuerzas que se oponen al cambio (o a la resolución del problema) proceda al segundo nivel de análisis del campo de fuerza: la ejecución.

- Fortalezca las fuerzas conductoras, debilite las moderadoras.

- Seleccione las fuerzas conductoras o moderadoras más fáciles de cambiar y la que debe sustituirlas.

- Idee un plan de acción y una estrategia de influencia en el cambio a través del campo de fuerza.

- ¿Ayudará la estrategia que se ha trazado a conseguir su objetivo?

- Si no es así, ¿qué fuerzas conductoras o moderadoras lo harán?

Hay muchas áreas problemáticas donde podemos recurrir a nuestra influencia personal para conseguir de esta manera un buen resultado.

Asumir al fin que la solución se logrará automáticamente o gracias a otras personas que tienen conocimientos mucho más amplios sobre el tema o una categoría superior puede ser un gran error muy difícil de remediar.

¿Cuántas veces ha visto que se ha cambiado por completo un sistema que se había adoptado hacía sólo unos meses? Más de una vez habrá oído el típico «ya sabía que no iba a funcionar desde el principio». Si usted preguntara por qué no se dijo nada en su momento, la respuesta más usual es «porque nadie nos preguntó».

EJERCICIO. Análisis del campo de fuerza

1. Imagine que desea participar en una reunión de la comunidad. Un grupo de vecinos se reúne para hablar de los pros y contras de solicitar a la autoridad local que presente un proyecto para normalizar el aparcamiento. En la actualidad las mejores plazas de la calle las ocupan por la mañana muchas personas que después van andando al centro de la ciudad para trabajar. Muchas veces no vuelven hasta la última hora de la tarde, lo que hace difícil, si no imposible, el aparcamiento de los vecinos en cualquier sitio cercano a sus casas, lo cual es una gran molestia, sobre todo cuando se tiene niños pequeños o se desea descargar algún bulto considerable.

2. Más o menos la mitad de los asistentes se muestra contraria a cualquier plan de aparcamiento para los vecinos porque les costará dinero. Creen que el aparcamiento urbano debería ser siempre libre.

3. Busque tantas fuerzas conductoras como pueda. Cualquier idea puede servir para apoyar su argumento. Cuando las tenga, concéntrese en tres o cuatro que le parezcan importantes y piense la manera mediante la cual podrá hacer más convincentes sus propuestas.

4. Ahora haga lo mismo con las fuerzas moderadoras (ya tiene una: «nos costará dinero»). ¿Cuáles son las más poderosas? ¿Cómo puede debilitarlas? ¿Puede reducir su impacto utilizando una o más de sus fuerzas conductoras como un contraargumento?

Ya hemos visto que es necesario ganar la confianza de los demás para cambiar para que no nos echen al suelo nuestro proyecto. Aunque el análisis del campo de fuerza es sólo una de las muchas maneras de tratar un problema, puede serle útil en muchos casos, tales como:

✔ problemas de estructura;

✔ organización de empresa;

✔ mejora del servicio al cliente;

✔ contratación y selección de personal;

✔ problemas familiares o personales;

✔ cambio de orientación en la vida y en el trabajo.

REFORMULACIÓN DE LAS SITUACIONES

Mira por la ventana y se da cuenta de que está lloviendo. ¡Vaya! Mañana tiene el día libre y se pone a llover. Parece que siempre le ocurra lo mismo. Hace planes detallados y se van al traste por culpa del tiempo. ¡Siempre igual!

Si estudia atentamente este pequeño ejemplo, podrá ver lo sencillo que es rendirse ante un problema. ¿Realmente es necesario comportarse así? Es muy frecuente que se culpe al tiempo de los propios sentimientos. «Estaría mucho más contento si el sol brillara.» De hecho somos nosotros quienes permitimos que nos sintamos de esta manera a causa de un hecho externo, aun cuando sabemos perfectamente que no es en absoluto el responsable.

En segundo lugar, hay muchas maneras de ver las cosas. El mismo suceso puede ser interpretado de manera diferente por varias personas. Basta con pensar en su desilusión en un día de lluvia y la alegría de los agricultores, los pescadores o los jardineros, por ejemplo.

Cuando intente persuadir a otras personas, tal vez le objetarán que existe un problema que les impide aceptar sus propuestas. «No podemos continuar con el nuevo *software* porque tenemos tres personas nuevas que empiezan el lunes.» ¿Cómo puede replantear o reformular esta frase para mostrar su lado positivo? Intente darle la vuelta. «De hecho, ese podría ser un buen momento para hacer la instala-

ción. Las tres personas nuevas no van a acostumbrarse al sistema antiguo si a continuación va a ser sustituido.»

Reformular palabras negativas

Algunas personas no necesitan toda una frase para eliminar sus sentimientos de impotencia. Para muchos de nosotros una sola palabra aquí y allí basta. A continuación puede ver algunos ejemplos:

enfadado	ansioso
decepcionado	avergonzado
miedoso	herido
ofendido	abrumado
rechazado	asustado
estresado	terrible

Vamos a tomarlos uno a uno y a reformularlos para proporcionar una actitud más positiva o ingeniosa ante la vida:

enfadado = desilusionado

ansioso = preocupado

decepcionado = sorprendido

avergonzado = estimulado

miedoso = curioso

herido = molesto

ofendido = confuso

abrumado = desafiado

rechazado = olvidado

asustado = entusiasmado

estresado = enérgico

terrible = insólito

Ahora reformule estas palabras tan negativas:

dificultad ....

insatisfacción ....

preocupación...............................

miedo...

inquietud ....

problema..

duda ....

no quiero ....

no puedo ....

pérdida...

Puede que esté pensando que fuera de contexto, algunas de estas reformulaciones de una sola palabra puedan parecer raras. Pero póngalas en una situación real de la vida, utilícelas y vea la diferencia que pueden crear en otra conversación distinta.

Reformular criterios

Cuando pide a una persona que tome una decisión, también le está pidiendo que evalúe su propuesta y sus criterios para que decida.

Los criterios pueden dividirse en:

✔ tangibles: coste; volumen; cantidad; tiempo;

✔ intangibles: mejor aspecto; de fácil manejo; actualizado; sentimientos correctos.

Lógicos o emocionales, tangibles o intangibles, los criterios de otras personas son difíciles de discutir.

Pero es posible, a través de la reformulación, cambiar su definición proponiéndoles que reconsideren sus argumentos y los que usted les propone.

Veamos un ejemplo.

Si le responden «no puedo decidirme ahora mismo; tendré que esperar dos meses antes de que el nuevo presupuesto esté disponible», usted siempre puede contestar: «esos dos meses permitirán probar el sistema y así nos aseguraremos de que no hay ningún problema».

Para reformular criterios aparentemente negativos pregúntese: «¿Qué otra cosa podría significar esto?»

EJERCICIO. Reformular la resistencia

Aquí tiene algunas frases y palabras negativas con las que puede encontrarse. Escriba al lado de cada una de ellas una frase o una palabra que crea que puede reformular la original de un modo más positivo. Hágalo rápido y sin reflexionar demasiado. Si una reformulación no le viene fácilmente a la cabeza vaya a la siguiente e intente completar las que le faltan más tarde. Al final hay espacio para añadir unas cuantas de sus palabras o frases favoritas.

Frustrado ....
Es el color equivocado ....
No puedo permitírmelo ....
Llevará demasiado tiempo ....
Inseguro ....
Furioso ....
De fácil manejo ....
Más barato ....
....
....
....

RESUMEN

1. Si conoce los pasos que sigue cuando toma una decisión, podrá comprender los entresijos de la comunicación persuasiva.

2. Evite las palabras o las frases inadecuadas que pueden crear respuestas negativas inconscientes.

3. Asegúrese de que ha proporcionado suficiente información y pruebas.

4. Anticípese y trate posibles objeciones o resistencias. Utilice su empatía para imaginar lo que pensaría acerca de la propuesta si se la hicieran a usted.

5. Tenga siempre una respuesta preparada para cualquier resistencia. Procure que sea breve y asegúrese de que la objeción ha desaparecido antes de continuar.

6. Aprenda a detectar los comportamientos que indican excusas o tácticas evasivas.

7. Utilice el análisis del campo de fuerza para identificar las fuerzas conductoras o moderadoras. Amplíe las primeras y debilite las segundas.

8. Habitúese a reformular frases o actitudes negativas.

Capítulo 10
OBTENER UNA DECISIÓN

Demasiado sabio para sentirse escéptico,
demasiado débil para saborear el estoico orgullo,
se encuentra en medio, dudando entre la acción y la quietud.

ALEXANDER POPE

Muchas personas, cuando están a punto de decidirse por algo, necesitan sin embargo de un pequeño empujón para dar el último paso.

En este capítulo aprenderá cuáles son los motivos que pueden llevar a un cliente a retirarse en el último momento y cuáles son las técnicas más eficaces para que finalmente dé el visto bueno a su proyecto.

La frase «influir para cambiar» implica un cambio de una posición a otra, del «no» al «sí», de la inactividad a la actividad.

Sea cual sea la manera con la que define los cambios que busca, el resultado por lo general será muy diferente. Y a menos que la persona a quien está influyendo ofrezca un «sí» incondicional a sus propuestas desde el primer momento, será necesario que haga o diga algo que generará una decisión positiva.

El momento de la decisión es uno de los más críticos de todo el proceso de negociación. A mucha gente le resulta odioso tener que preguntar si se desea seguir hacia delante. ¿Por qué ocurre esto tan a menudo?

Existen muchas razones para ello: tal vez a usted no le guste apremiar a su cliente o prefiere persuadirlo para que sea él quien lo diga.

ALGUNAS RAZONES PARA NO FORZAR UNA DECISIÓN

- Razones psicológicas: consciente o inconscientemente, puede tener la sensación de que esto es en cierto modo degradante, indiscreto, manipulador, poco ético o engañoso. Seguramente, si la otra persona quiere continuar lo dirá cuando ella crea que está lo suficientemente preparada.

- Autoridad estructural: su posición jerárquica dentro de la organización puede ser bastante baja y esto puede disuadirle a la hora de pedir que su interlocutor se decida.

- Autoridad experta o sabia: la persona a quien está influyendo no tiene necesariamente que ser un alto cargo, pero se la respeta por sus conocimientos, su pericia y su sabiduría. La impresión que le causa esa persona «que sabe más que usted» puede debilitar su intento.

- Autoridad moral: la persona a quien está intentando convencer es un modelo de honradez y equidad, lo cual le hace sentir que cualquier tipo de presión por su parte podría considerarse impropia o desagradable.

- Autoridad dinástica: la decisión de su interlocutor puede depender de lo que opinen los otros miembros de la familia o del grupo, por lo que cualquier tipo de presión que se pudiera plantear realizar es socialmente inaceptable o simplemente no está bien vista.

POR QUÉ SE INTENTA RETRASAR UNA TOMA DE DECISIÓN

Imagine que está leyendo el periódico. De repente sus ojos se fijan en un anuncio. Una ilustración o el titular de una oferta le han llamado tanto la atención que deja de leer una noticia. Mira de nuevo el anuncio. Lo lee y quizá lo relee, sólo para estar seguro.

«Sí», piensa usted, «suena prometedor. Tengo que hacer algo al respecto».

En ese momento suena el teléfono y deja el periódico. Más tarde vuelve a cogerlo.

«A ver, ¿dónde estaba yo?», dice usted, y se pone a leer otra noticia. Todos los pensamientos positivos que pudo haber tenido en relación con el anuncio se han evaporado. Más tarde puede que se pregunte dónde vio ese anuncio, pero el momento ha pasado y a pesar de sus buenas intenciones, no ha tomado ninguna decisión sobre lo que había leído. Seguramente esta es la razón por la que muchos anuncios incluyen frases como «oferta válida hasta que se agoten las existencias», «solicite rápidamente nuestro catálogo», «la oferta se termina a finales de mes». ¡Incluso se suele incluir algunas veces un cupón en la esquina inferior del anuncio con una línea de puntos a su alrededor y un dibujo de un par de tijeras para que de esta forma su respuesta sea más inmediata!

> *El camino al infierno está adoquinado con buenas intenciones.*

EJERCICIO. Retrasar una decisión

1. Piense en aquella vez en que le pedían que tomara una decisión. Recuerde las dudas y los miedos que llenaban su mente. Sitúese en aquel momento en el que dijo «no».

2. ¿Qué fue lo que realmente le disuadió de estar de acuerdo y tomar esa decisión?

3. ¿Qué debería haber tenido lugar para que asintiera?

A continuación puede ver algunas de las razones que llevan a muchas personas a aplazar el momento de tomar una decisión:

- No tienen suficiente fe en usted, en su empresa, en su departamento o en su entorno social.

- No entienden totalmente las implicaciones de su propuesta.

- No ven los beneficios que les reportará su proyecto.

- Hay otras posibilidades que desean estudiar.

- Están satisfechos con su situación actual.

Todos estas razones tienen un común denominador: su propuesta no les ha convencido.

«Me gustaría pensármelo»

«Me gustaría pensar un poco en sus propuestas antes de tomar una decisión». Esta es la clásica táctica evasiva. Todos la hemos encontrado en algún momento de nuestras vidas y la hemos dicho a otras personas. Pero, ¿qué sugieren las palabras «me gustaría pensármelo»? Para empezar, demuestran que la otra persona no está todavía convencida. Si no dirían probablemente «sí» sin dudar demasiado.

Hay dos maneras de afrontar una respuesta de estas características: una correcta y otra incorrecta. Vamos a examinar ahora esta última.

Ante una respuesta de ese calibre, muchas veces tenemos la tentación de contestar con una frase como «¿por qué necesita pensárselo?» o «¿qué es lo que quiere pensar?». Por supuesto puede formular estas preguntas cuando sepa que va a obtener respuestas como «nada en realidad, pero no llegué hasta aquí con decisiones precipitadas» o «soy de la opinión que es mejor consultarlo con la almohada». Estas frases no tienen ningún efecto. El cliente vuelve a situarse en el punto de partida y sigue sin entender nada.

Lo primero que debe hacer ante esta situación es indagar cuál es la causa de esa indecisión.

Sin embargo, el modo más correcto es empezar un diálogo como el que sigue.

—Estoy de acuerdo de que es una decisión difícil, pero obviamente hay algo que no entiende o que no le satisface. ¿Es el plazo de tiempo?

—No, eso no me preocupa.

—Entonces, ¿es quizá la financiación?

—No, no. Estoy seguro que podemos financiarlo con el presupuesto de producción.

—¿Tal vez es el equipo del proyecto propuesto?

—Sí. No estoy muy contento de la participación de Joan Parsons. Trabajó con nosotros en el nuevo sistema postal y la encontramos muy lenta.

—¿Es la participación de Joan Parsons la única cosa que le impide tomar una decisión?

—Sí. Todo lo demás está bien.

—Así pues, si le garantizo que ella no formará parte del equipo, ¿estaría contento de seguir adelante?

—Sí.

CRITERIOS QUE INFLUYEN EN LA TOMA DE DECISIONES. CUESTIONARIO

Siempre que alguien intenta convencernos de algo nos preguntamos si al final aceptaremos su propuesta.

Este cuestionario le ayudará a entender qué es lo que influye en sus decisiones y le mostrará las maneras más comunes de tomar una decisión.

Lea cada cuestión y marque con un círculo las tres respuestas más apropiadas.

A Cuando escoge un coche nuevo, ¿qué es lo más importante para usted?

1. El precio
2. La reputación del concesionario
3. Los accesorios
4. La cercanía del concesionario
5. La marca del coche
6. Las dimensiones del coche
7. El diseño
8. El modelo
9. La posibilidad de garantía a largo plazo
10. La calidad del servicio

B Cuando escoge un restaurante, ¿qué influye en su elección?

1. El precio del menú
2. El prestigio del establecimiento
3. La variedad en el menú
4. La cercanía del restaurante
5. La calidad de los platos
6. Las dimensiones del restaurante
7. Su decoración
8. Si está de moda o no
9. Las garantías de que se comerá bien
10. La amabilidad de los camareros

C Si estuviera pensando en formar parte de una nueva empresa, ¿qué factores le influirían más?

1. El salario
2. Su reputación
3. La variedad de proyectos
4. La proximidad de su casa
5. La calidad de los productos o de los servicios realizados
6. El tamaño de la organización
7. La modernidad de las instalaciones
8. El prestigio nacional e internacional
9. El contrato de trabajo
10. Sus futuros compañeros

D Cuando selecciona un hotel donde pasar sus vacaciones, ¿qué factores consideraría...?

1. El precio total
2. La reputación del hotel
3. La oferta de actividades
4. La duración del viaje
5. La categoría del hotel
6. Las dimensiones del hotel
7. La calidad de las instalaciones
8. El prestigio de la localidad
9. El agente es miembro de la IATA
10. El personal del hotel es eficiente y amable

E Si tuviera que elegir una casa, ¿qué sería lo más importante?

[1] Su precio
[2] La buena reputación del barrio
[3] Su potencial para desarrollo
[4] La distancia de los servicios básicos
[5] La calidad de la construcción
[6] El número de habitantes
[7] El diseño del interior
[8] La zona está de moda
[9] Ha recibido un buen peritaje
[10] Los vecinos son muy agradables

F Imagine que tuviera que vivir en otro país. ¿Cuál de estos aspectos le atraen más?

[1] El nivel de vida
[2] Su prestigio internacional
[3] Las posibilidades que le ofrece de vivir a su gusto
[4] Es accesible por mar y aire
[5] Su calidad de vida
[6] Su población total
[7] La belleza de su paisaje
[8] A sus amigos les encantará ir a visitarles
[9] Un lugar seguro donde vivir y trabajar
[10] El carácter agradable de sus habitantes

G Está escogiendo un colegio para su hijo. ¿Qué criterios son los más importantes para usted?

[1] Las cuotas
[2] El expediente académico que obtendrá su hijo
[3] Las asignaturas impartidas
[4] La distancia desde su casa
[5] La calidad de la enseñanza
[6] El número de alumnos
[7] La calidad de las instalaciones
[8] El prestigio del centro
[9] La seguridad y el ambiente de estudio
[10] La amabilidad de los profesores

H Cuando compra en un gran almacén, ¿qué aspectos le atraen más?

[1] Los precios
[2] El prestigio del establecimiento
[3] La variedad de ofertas
[4] La cercanía de su domicilio
[5] La calidad de los artículos
[6] Las dimensiones
[7] Su decoración
[8] Su carácter exclusivo
[9] La posibilidad de cambiar artículos que no desea
[10] La simpatía y amabilidad de los dependientes

Puntuación

Sume las respuestas que tengan el mismo número de orden y a continuación anote los resultados en la siguiente tabla.

Elección 1 .... (dinero)

Elección 2 .... (reputación)

Elección 3 .... (variedad)

Elección 4 .... (situación)

Elección 5 .... (calidad)

Elección 6 .... (tamaño)

Elección 7 .... (aspecto)

Elección 8 .... (popularidad)

Elección 9 .... (seguridad)

Elección 10 .... (servicio)

Comentario

Todas las opciones que estaban clasificadas con el mismo número de orden tienen en común el mismo concepto.

La mayoría de la gente encuentra dos o tres temas repetitivos cuando se le pide que examine una serie de criterios antes de escoger. Sorprendentemente esto puede aplicarse tanto a personas como a cosas. Escogemos a nuestros amigos del mismo modo que seleccionamos un coche, un artículo en una tienda o unas vacaciones.

El cuestionario presenta diez criterios para escoger, aunque puede haber muchos más. Todo el mundo tiene sus propias motivaciones. Una vez desarrollados, estos factores motivadores raramente cambian de una decisión a otra. Si usted compra el periódico en un quiosco porque el vendedor le cae bien, también puede ser que viva en una calle porque sus amigos viven cerca o que trabaje en una empresa porque le gusta el ambiente. A pesar de que cada elección puede parecer diferente, lo cierto es que en el fondo todas guardan algún parecido. A continuación le presentamos una lista de algunas motivaciones para comprar. Al lado de cada una hay tres sinónimos, palabras vagas que pueden significar lo mismo a gente distinta.

ESTABLECER LOS CRITERIOS DE DECISIÓN

Cada uno de nosotros ha desarrollado sus estrategias preferidas para tomar decisiones en función

Rápido	Veloz	Pronto	Que ahorra tiempo
Seguro	De confianza	Fiable	Garantizado
Barato	Coste reducido	Económico	Que ahorra dinero
Serio	Nombre	Imagen	Marca
Conocido	Propaganda	Famoso	Popular
Servicial	Amable	Educado	Eficiente
Conveniente	Cercano	Fácil	Horario de apertura
Aspecto	Forma	Tamaño	Color
De moda	Popular	Moderno	Actual
Prestigioso	Clásico	Envidiable	Primera clase
Tradicional	Estilo antiguo	Fiable	Familiar
Variado	Elección	Alternativas	Flexible
Amable	Alegre	Hablador	Cómodo
Comportamiento	Fiabilidad	Calidad	Durabilidad
Único	Diferente	Nuevo	Innovador
Cómodo	De confianza	Sin preocupación	Mente tranquila

de unos criterios que se ha formado. Conviene tener en cuenta esta particularidad a la hora de buscar la aprobación de nuestras ideas o propuestas. Sin embargo, ¿cómo se pueden obtener estrategias o criterios de personas que a veces sólo tienen una vaga idea de lo que están buscando? Sin dar un cuestionario a todo el mundo, ¿cómo se puede saber qué es lo que realmente les motiva?

Según cada circunstancia, se puede recurrir a un método diferente.

- Pídales que le digan qué les llevó a decidirse en una situación anterior parecida. ¿Qué factores influyeron? ¿Cuál fue el coste? ¿El periodo de tiempo? ¿Han llevado a cabo un proyecto similar en el pasado? Si es así, ¿dio buenos resultados? ¿Qué le hizo tener tanto éxito? En caso de que hubiera fracasado, intente conocer las causas. Si no estuvieron satisfechos descubra por qué, lo que no funcionó y lo que hubieran preferido.

- Sírvase de sus estrategias para conocerlas un poco más. «Cuando decide mejorar un sistema, ¿cómo lo hace?» «¿Lo hace usted solo o después de consultar a otras personas?» «¿En quién confía más para pedir consejo?»

- Hable con personas que las conozcan bien o que trabajan a su lado. Pregúnteles si conocen los procedimientos que siguen para tomar decisiones, a quién suele consultar, qué es lo que tiene presente por encima de todo cuando toma una decisión, etc.

- Pregúnteles cómo decidirán si su propuesta es válida y dará buenos resultados.

CUÁNDO HAY QUE PEDIR UNA RESPUESTA

Si obtuviera una libra por cada vez que me han formulado esta pregunta, sería muy rico. No hay, por supuesto, una respuesta definitiva. Una vez el director de una compañía de la cual iba a dirigir la conferencia de ventas me pidió que dijera a los representantes que cerrasen los tratos con rapidez y con la mayor frecuencia posible. No lo hice porque creo que ese criterio no siempre da buenos resultados.

Imagine que pide una decisión demasiado pronto. Quizás antes de que haya dado toda la información pertinente, de que haya explicado cuáles serán los beneficios o de que hayan tratado todas las objeciones más importantes. ¿Cree que van a aceptar su propuesta?

Tampoco es bueno ir pidiendo el parecer de su cliente con cierta frecuencia. La primera vez creerá que le está obligando a decidirse y se negará. Al cabo de un tiempo volverá a preguntarlo y recibirá la misma respuesta. Cuanto más pregunte, más reacio será a darle una respuesta comprometedora. Si pregunta con demasiada insistencia acabará por indisponerse con usted y se negará a seguir con la negociación.

Reconocer el momento oportuno

Si no hay que preguntar demasiado pronto ni con demasiada insistencia, ¿cuándo debe hacerse? El momento idóneo es sin duda cuando empieza a recibir señales que sugieren que la persona a quien está intentado convencer parece que está a punto de tomar una decisión. Cuando estamos mentalmente preparados para seguir adelante, emitimos alguna señal, alguna vez consciente y otras inconscientemente. Los negociadores más experimentados saben de forma casi instintiva cuándo deben conseguir una decisión. Tras muchos años de práctica han aprendido a reconocer inconscientemente el momento justo. Si usted está empezando o todavía no conoce sus habilidades, debe observar atentamente a su cliente, apreciar los cambios que tienen lugar durante el diálogo e intuir cuál es el momento idóneo para pedir una decisión.

Hay dos indicadores que le dirán que otra gente puede estar a punto para decidir.

El lenguaje corporal

Imagine que estuviera comprando un reloj de pulsera para el cumpleaños de un amigo y que tuviera que escoger entre tres modelos. Cada reloj tiene unas características muy diferentes. Es muy difícil decidirse. Primero cogió uno y después otro. Lo dejó y cogió otra vez el primero. Pensó que había una mancha en

la correa y la frotó cuidadosamente con su dedo. Desapareció inmediatamente: ningún problema. El dependiente no necesitó un máster en psicología para darse cuenta enseguida de cuál era el reloj que prefería.

A continuación puede ver una lista con las señales corporales que suelen anunciar una toma de decisiones. Debe tener en cuenta que puede necesitar varias señales —separadamente o en grupo— antes de estar seguro de que es el momento idóneo para pedir la aprobación de su proyecto.

✔ inclinación del cuerpo hacia delante;

✔ cabeza erguida y contacto visual;

✔ el interlocutor se acaricia la barbilla con aire pensativo;

✔ asentimiento;

✔ sonrisa de afirmación;

✔ el interlocutor toma notas con gran interés;

✔ rodillas separadas;

✔ pies apoyados en el suelo;

✔ manos abiertas (palmas hacia arriba);

✔ chaqueta desabrochada;

✔ subida del tono de voz.

Cambios en el lenguaje corporal

Aparte de las señales individuales, también notará cambios sutiles (y no tan sutiles) en el lenguaje corporal de la otra persona. Cuando mencionó por primera vez sus ideas, quizá su interlocutor estaba sentado o inclinado rígidamente hacia el respaldo de la silla, los pies estirados delante de usted y los tobillos cruzados. Sus manos puede que estuvieran cerradas o apretadas en forma de pirámide. Su americana estaba seguramente abrochada y fruncía el ceño levemente. A lo largo de la conversación apenas hubo contacto visual.

Mientras hablaba con entusiasmo de su propuesta, notó cómo tenía lugar una serie de cambios. La otra persona pareció relajarse visiblemente. Quizá todo empezó cuando sus tobillos ya no estaban cruzados y sus rodillas se irguieron. Las manos acabaron sobre la mesa o encima de sus muslos. Su cabeza se irguió y por primera vez sus ojos le miraban de verdad.

Estos cambios en el lenguaje del cuerpo pueden ser muy significativos e indican que su interlocutor se muestra cada vez más interesado por lo que dice. Es probable que al final conteste afirmativamente. Con todo, usted debe estar preparado para una posible objeción. Su lenguaje corporal ha sido muy abierto y positivo al principio, pero cada vez se ha ido cerrando hasta dejar entrever una cierta oposición. Aunque no necesite ser un especialista del lenguaje corporal para percibir estos cambios es muy sorprendente cuántos vendedores profesionales respiran durante el día con gran felicidad sin reparar en todos estos detalles. Olvidan que el lenguaje corporal es mucho más preciso y significativo que el hablado. El análisis de los gestos permite saber lo que están pensando los demás. Puesto que las señales corporales proceden del subconsciente, a menudo constituyen un indicador mucho más exacto de los sentimientos y los pensamientos que no las palabras escogidas detenidamente.

Señales verbales

Las señales verbales que sugieren que un cliente está a punto de aceptar acostumbran a ser mucho más directas que las no verbales. Como las palabras que utilizamos pueden ser vagas o ambiguas, no siempre es fácil detectar el momento en el que se va a tomar la decisión. Hay que procurar que su manera de hablar no interfiera. Si frena o acelera puede indicar su predisposición para concluir. Algunas personas prefieren escuchar atentamente y durante mucho tiempo antes de llegar a una conclusión. En este caso la situación puede invertirse y de repente puede encontrarse desbordado de preguntas.

Aquí hay algunos ejemplos de las maneras con las que se suele anunciar una decisión inminente:

- ¿Cuándo se puede iniciar el proyecto?

- ¿Cuál es el mínimo aceptable? ¿Cuánto nos costará en total realizarlo?

- Explíqueme el esquema de ejecución una vez más.

- ¿Supervisaría el proyecto usted mismo?

- Imagine que queremos cambiar cosas a mitad del proyecto, ¿podríamos hacerlo?

- ¿Puede garantizar la seguridad de su sistema?

- ¿Podría rediseñarlo para incluir algunos extras importantes que desearíamos realizar?

EL TEST FINAL

Aunque estas frases o preguntas no aceptan de una manera explícita su propuesta, las cuatro últimas son lo suficientemente prometedoras como para sondear un poco a su cliente.

Esto es más fácil de lo que se puede imaginar.

Tenga en cuenta que las cuatro preguntas finales requieren una respuesta y es importante pensar siempre en el modo en que va a construir su respuesta.

Por ejemplo, usted podría responder afirmativamente a todas estas preguntas que se han planteado aquí: «sí, podemos rediseñarlo», «sí, yo supervisaré el proyecto», etcétera.

De ahora en adelante, siempre que reciba una pregunta importante por parte de la otra persona responda de esta manera: «¿le gustaría que lo rediseñáramos?», «¿es importante para usted que supervise el proyecto?», «¿querrá hacer algún cambio durante la realización del proyecto?», etcétera.

Mediante estas preguntas usted sabrá cuál es la intención de su cliente.

Mientras no llega a una decisión final, conoce lo que piensa su cliente y la importancia que da a sus preguntas. En el siguiente apartado verá cómo se llega al final de la negociación.

La pregunta directa para la toma de decisión

Debería ser muy fácil formular simplemente una pregunta como «¿está de acuerdo?» o «¿seguimos hacia delante?». Sin embargo, normalmente se evita o se deja para el final cuando los métodos más sutiles han fracasado. Su franqueza puede atraer a personas de carácter dominante o creativo (véase el capítulo 7, pág. 96).

* De acuerdo, señor Topdog, ¿seguimos hacia delante?

* Muy bien, señor Jolly. Si no hay más preguntas, propongo que empecemos el lunes.

* ¿Cuándo empezamos?

La razón por la que mucha gente evita este tipo de preguntas es porque le obligan a dar una respuesta. Nos han enseñado a no formular preguntas cerradas. Imagine que dice «no». Más vale pensar en el posible rechazo y evitar la pregunta. Nada podría ser más peligroso en este momento tan crítico, ya que es muy fácil que el cliente pierda su entusiasmo. Si recibe una negativa, entonces siempre puede preguntar «¿qué le impide seguir adelante?» y conocer la causa de su decisión.

Las preguntas con respuestas múltiples

El segundo acercamiento es menos directo porque permite que el cliente escoja entre dos opciones posibles.

* ¿Cuándo le gustaría empezar? ¿El viernes o le resultaría mejor esperar hasta el lunes de la semana que viene?

* ¿Qué método prefiere?

* ¿Qué película podemos ir a ver: esta o aquella?

* ¿Quiere té o prefiere café?

* ¿Dónde prefiere usted que nos veamos: en su oficina o en la obra?

La sutileza de la pregunta se basa en que no está exigiendo una decisión, sino que propone dos términos entre los que su cliente puede escoger y en los que la negación es inviable.

La pregunta para decisiones poco importantes

Se trata de otra táctica suave. Con esta pregunta está pidiendo a la gente que tome una decisión en relación con un aspecto relativamente poco importante de su plan. Si responden positivamente entonces puede suponer que estarán de acuerdo con todo lo que proponga.

- Por cierto, ¿dónde querría que apareciera el logotipo? ¿En la parte superior o cree que quedaría mejor en la parte inferior derecha?

- Hay una cosa que quería preguntarle. ¿Cómo prevé financiar el proyecto?

- ¿Cómo cree que deberíamos informar a las sucursales del norte?

- ¿Cree que deberíamos comentar este detalle con el señor Johns?

La pregunta que se basa en una supuesta decisión

Esta pregunta supone e implica que la otra persona ya ha decidido seguir adelante. Sin embargo, tenga cuidado con esta táctica. A las personas analíticas no les gusta que suponga nada sobre ellas y se lo dirán abiertamente. Por otra parte, este tipo de preguntas no funciona bien con los tipos creativo o sumiso, pues los dos necesitan que se les lleve a la decisión final.

- Una vez hayamos empezado me imagino que querrá un informe mensual sobre nuestros avances.

- Cuando empecemos el proyecto notará las mejoras significativas en la primera semana más o menos.

- ¿Qué color le gusta más para su coche?

El resumen de los beneficios

Funciona bien con aquellas personas a las que les cuesta aceptar sin pensárselo mucho, aunque parezcan dispuestas a recapacitar un poco antes de decírselo. Puede adelantarse a sus palabras haciendo un resumen breve de los beneficios que sacarán. Sin embargo, debe asegurarse de recordarles sus necesidades para estrechar la relación entre necesidades y beneficios.

«Antes de concluir la reunión, me gustaría resumir lo que hemos hablado. Creo que todos estamos de acuerdo en que los requisitos principales son la seguridad y un informe detallado de incidentes. ¿Es correcto? Bien. Cuando instale el sistema nuevo será imposible que cualquier cliente entre directamente en él. Sólo usted y su equipo tendrán la contraseña y esta se cambiará cada cierto tiempo. El cliente tendrá que recurrir siempre a ustedes, lo que significa que deberán registrarse todas las llamadas. Si está satisfecho con esta solución, le sugiero que empecemos la instalación a finales de este mes. ¿Le parece bien?»

Es una manera larguísima de conseguir su aceptación, pero vale la pena si quiere asegurarse el terreno. Con oyentes analíticos empedernidos, lo mejor será seguir su resumen de beneficios sobre el papel, porque así podrán reflexionar su propuesta con tiempo. Los resúmenes escritos son también útiles si sus propuestas se enseñan a otra gente. La persona que toma la decisión puede confiar en las sugerencias o los comentarios de otras. Poniéndolo por escrito será capaz de responder a cualquier pregunta que pueda presentarse y que necesite respuesta en su ausencia. En otras palabras: no confíe en otra gente para vender sus ideas. Pueden intentar hacerlo, pero lo más probable es que no sean capaces de realizar un trabajo tan riguroso como el suyo.

Una situación similar

¿Cuántas veces ha estado a punto de aceptar una buena idea pero dio marcha atrás en el último momento? Puede que no sea un tipo nervioso pero es muy normal albergar sentimientos de duda o preocupación de última hora sobre la idea. Esto es particularmente cierto si se trata de una de las primeras personas en probar la idea. Es natural querer dejar las cosas durante un tiempo, para que otros las prueben y descubran los problemas que pudiese haber.

Sin duda encontrará esto muy frustrante. Ha hecho su trabajo, ha respondido a las necesidades de su cliente, ha mostrado los beneficios y ha solventado todas las objeciones. Ahora es el momento de decidir y esta persona todavía no parece estar preparada para seguir adelante. Debe utilizar su empatía. Póngase en su lugar y pregúntese qué le gustaría escuchar para aliviar las dudas y ansiedades de última hora.

Explíquele casos de otras personas que han estado en circunstancias similares. Explíqueles cómo llegaron a la decisión final. Tranquilícelos diciendo que todas las dudas y miedos desaparecieron después. Coménteles lo contenta que estaba esta persona con su decisión, cómo no podía explicarse por qué había dejado pasar tanto tiempo antes del cambio. Incluso podría ponerle en contacto con otros clientes que han tomado decisiones similares. Recuerde lo eficaces que son los testimonios cuando los ve en anuncios. Estos muy a menudo presentan una situación antes de tomar la decisión y los beneficios que se han obtenido, lo que le permite ponerse en su lugar para seguir los mismos pasos hacia el éxito.

¿QUÉ OCURRE DESPUÉS DE LA TOMA DE DECISIONES?

Después de conseguir el acuerdo, sería muy fácil dormirse en los laureles y felicitarse por un trabajo bien hecho.

Después de todo, han aceptado su propuesta, la ejecución está en camino y ya no se puede perder nada.

Piénselo de nuevo. ¿Cuántas veces ha sufrido el «remordimiento del comprador»? Ha tomado una decisión de comprar algo. Está convencido de sus necesidades, se lo puede permitir y lo más importante: le gusta y lo quiere. Pero misteriosamente una vez en casa tiene grandes dudas sobre su decisión. Quizá no lo necesite del todo. Quizá fue una decisión frívola, un mero capricho. De todas formas, era muy caro, más de lo que podía permitirse en ese momento. ¿Qué dirán su mujer, sus colegas o sus amigos cuando lo sepan?

Todas estas sensaciones descritas son sin ninguna duda muy corrientes.

Un buen negociador debe estar siempre preparado para poner en práctica algunas estrategias que le permitan tranquilizar a su cliente y hacerle saber que sin duda tomó la mejor decisión.

EJERCICIO. Consiga que su cliente esté satisfecho después de haberse decidido

1. Imagine que ha convencido a un cliente para que acepte su propuesta de cambiar el equipo informático. Los beneficios son sencillos. Los nuevos aparatos permiten realizar el trabajo con mayor rapidez. Pero los beneficios solos no sostendrán la fe en la idea. Pueden perder fuerza después de poco tiempo

2. ¿Qué hará o dirá para mantener a su cliente contento y satisfecho después de todo?
   ¿Qué ayudará a reafirmar su decisión

   ✓ en un nivel práctico?
   ✓ en un nivel emocional?
   ✓ en un nivel psicológico?

RESUMEN

1. Si comprende por qué evita usted tomar decisiones, puede empezar a comprender por qué otros también lo hacen.

2. Conocer los criterios que le llevan a una toma de decisión puede ayudarle a entender los hábitos y las convenciones de otras personas. También le ayudará a saber cuáles son las limitaciones que deben tenerse en cuenta a la hora de provocar una decisión.

3. Busque señales, verbales o no verbales, que le indiquen cuándo ha llegado el momento de tomar una decisión.

4. Adopte una amplia variedad de métodos, técnicas o estrategias para conseguir un acuerdo positivo.

5. Su participación no debe acabar necesariamente cuando se haya tomado una decisión. Hay que evitar que el cliente se arrepienta o no valore justamente los beneficios que le reporta su decisión.

CAPÍTULO 11

CÓMO CONVENCER A UN GRUPO

*Se tarda tres semanas en preparar
un buen discurso improvisado.*

MARK TWAIN

A todo profesional le llega un día en el que escucha frases como «¿le importaría presentar su proyecto en la próxima reunión semanal?» o «dada su implicación en el proyecto, creo que usted es la persona más adecuada para representar a nuestra filial en la conferencia anual». Este capítulo se ocupa de los modos menos convencionales de exponer una propuesta a un grupo y convencerlo.

Puede parecer injusto, pero en el mundo de la economía una persona suele valorarse por su capacidad de hablar en público. Que se trate de un experto o que tenga información útil sobre el tema no es tan importante como que sepa hablar en público y lo presente bien. Su manera de comportarse y sus dotes persuasivas tienen una importancia fundamental. En cierto modo es injusto, pero también es importante. Evidentemente, no basta con saberlo: debe practicar bastante para conseguir ser un buen orador. Lo más importante es dominar los nervios. La mayoría de nosotros tiene el estómago encogido por el temor, las palmas de las manos sudadas y la boca seca con sólo pensar que debe comparecer ante la comisión. Una investigación reciente afirma que los miedos más frecuentes que nos obsesionan son estos tres:

✓ hablar delante de un grupo;

✓ alturas;

✓ arañas.

Si alguna vez le invitan a hablar a los clientes de una compañía aérea sobre los peligros de las tarántulas le sugiero que lo rechace cortésmente. Pero, ¿por qué a todos nos da miedo hablar en público? Después de todo, si nos han pedido que demos una charla es porque nos consideran unos expertos en la materia. Hemos formado parte del proyecto y lo conocemos a la perfección. Nos han elegido por nuestra experiencia, por nuestros conocimientos y, en definitiva, porque somos los más adecuados para representar a nuestro departamento o a nuestra compañía. Lo que realmente nos inquieta es que alguien pueda saber más que nosotros. Nos preocupa que podamos olvidarnos de algo sumamente importante o, peor aún, quedarnos en blanco. Nos asusta la perspectiva de ser el centro de atención y que todos estén pendientes de nosotros.

TRES MANERAS DE PERDER EL MIEDO

Existen tres maneras de empezar a superar los miedos y las fobias. Fíjese que he utilizado la palabra «empezar», pues es poco probable que alguna vez se consiga dominar completamente esa sensación. De hecho, no es tan malo, ya que indica nuestra preocupación por el resultado y nuestro deseo de que las cosas salgan bien. Incluso el profesional más experimentado siente cómo sube su nivel de adrenalina cuando se pone de pie. Pregúntele a alguno cómo se siente en esos momentos y le dirá que aprovecha esa tensión todo lo que puede, pues le proporciona el combustible necesario para despegar al principio de la charla. Al cabo de unos minutos, deja de sentir su nerviosismo y se concentra en el tema de su exposición.

Aquí tenemos pues las tres maneras más usuales de minimizar cualquier miedo que pueda sentir:

• Prepare y estructure su charla con antelación. (Quedaría sorprendido del número de personas que me cuentan que lo hacen sobre la marcha o que dicen que no quieren estar atados a un esquema demasiado rígido.)

• Ensaye, ensaye y ensaye. No deje nada al azar. Recurra a la ayuda de un grupo de colegas o amigos, haga que tomen asiento y que escuchen su exposición. Pida su opinión. Es bueno que le critiquen y le presenten objeciones. Consiga que le formulen las preguntas más difíciles. Incluso pídales que se muestren desinteresados o que sean descorteses si estas son las reacciones que espera de la audiencia.

* Reconozca que siempre sentirá miedo. Sea consciente de que prácticamente todo el mundo se encara con una audiencia. Con el paso del tiempo su temor irá disminuyendo. Además, a pesar de que crea lo contrario, muy pocas veces una persona exterioriza su nerviosismo en estas ocasiones.

Uno de los comentarios más frecuentes que oigo cuando dedico una sesión de formación a la presentación en público es «he quedado mucho mejor en la cinta de vídeo que cuando di la charla» o «no parezco tan nervioso como yo creía».

El miedo a menudo distorsiona nuestra visión de la realidad y nos hace creer que todo sale peor de como esperábamos.

PLANIFICACIÓN Y PREPARACIÓN

Como otros aspectos de la vida, el tiempo y esfuerzo destinados a la fase de planificación y prepara-

ción puede ser la inversión más importante que hará. Para ello, lo mejor es seguir algunos consejos.

* Tenga en cuenta todos los aspectos que pueden ser importantes (véase págs. 24-25).

* Pregúntese qué quiere concretamente que el grupo sepa, comprenda o acepte.

* Como la gente sólo escucha con una eficacia del 25 %, limítese a dar *tres ideas claves*.

* Asegúrese de que asisten a su exposición las personas que tienen capacidad de decisión.

* ¿Sus oyentes conocen el tema?

* ¿Cuáles son sus necesidades, requisitos y deseos?

* ¿Hasta qué punto su proyecto satisfará sus necesidades?

* ¿Puede justificar cualquier coste directo o indirecto?

* ¿Qué resistencia cabe esperar? ¿Por parte de quién? ¿Cómo la afrontará?

* ¿Qué planteamiento será el idóneo para el grupo (información; preguntas y respuestas; notas detalladas; muchas ilustraciones; estadísticas; emotividad)?

- ¿Qué estilo de influencia debería utilizar (autocrático; democrático; lógico; emocional; asertivo; pasivo; persuasivo; negociador)?

- ¿Cómo espera conseguir su aceptación?

CONSTRUIR UN MAPA CONCEPTUAL

Hay muchas maneras de estructurar las ideas para presentarlas en público. Una de las más eficaces es el mapa conceptual. La característica más importante de una exposición oral es su capacidad de influir en las decisiones del público. Si sus mentes tienen que entender su razonamiento y desea que acepten sus puntos de vista, debe organizar sus ideas para conectar, con tanta elegancia como sea posible, con su manera de pensar. En su libro *Use Your Head* («Use su cabeza»), Tony Buzan dice: «Si la mente funciona con conceptos clave de una manera interrelacionada e integrada, nuestras notas y las relaciones de palabras deberían en muchas circunstancias estar estructuradas de este modo y no de la manera tradicional. En lugar de empezar desde arriba y trabajar con frases o listas, uno debería empezar por el centro con una idea principal que se ramifica siguiendo cada idea según la lógica del tema central».

Los mapas conceptuales tienen varias ventajas en comparación con la forma lineal de tomar notas:

✔ reducen notablemente la cantidad de notas que se toman;

✔ permiten definir con mayor claridad la idea central;

✔ favorecen el uso de un vocabulario más rico e imaginativo;

✔ el proceso de selección de estas palabras le exige comprender mejor su material;

✔ la asociación de palabras e ideas le ayudará a recordar los puntos clave con más facilidad;

✔ los temas más significativos estarán más cerca del centro;

✔ las ideas menos importantes quedarán en los márgenes;

✔ la relación entre las diversas ideas será cada vez más evidente a medida que se avance en el mapa. Esto le permitirá hacer cambios de estructura con mayor comodidad;

✔ cualquier idea nueva puede añadirse sin alterar la fluidez;

✔ cada mapa es único, lo cual le permitirá integrarlo o utilizarlo en la creación de otros para sus futuras conferencias;

como le permite anotar sus ideas de un modo azaroso, la estructura abierta le ayudará a identificar nuevas conexiones con mayor facilidad.

Sin duda, se trata de una herramienta muy útil para ver cómo todas sus ideas encajan. Además, proporciona una manera muy simple de modelar una estructura bien definida y tener un conocimiento preciso de cuáles son las ideas que debe tener en cuenta y cuáles son las que debe desechar.

Un ejemplo de mapa conceptual

Supongamos que le han encargado que escoja un nuevo sistema informático para su compañía. Ha analizado las necesidades de los trabajadores y de cada departamento y ha hecho un estudio de las diferentes ofertas. Ha tenido en cuenta las posibles dudas y objeciones que le harán y ha desarrollado contraargumentos. Un sencillo mapa tendría un aspecto parecido a este:

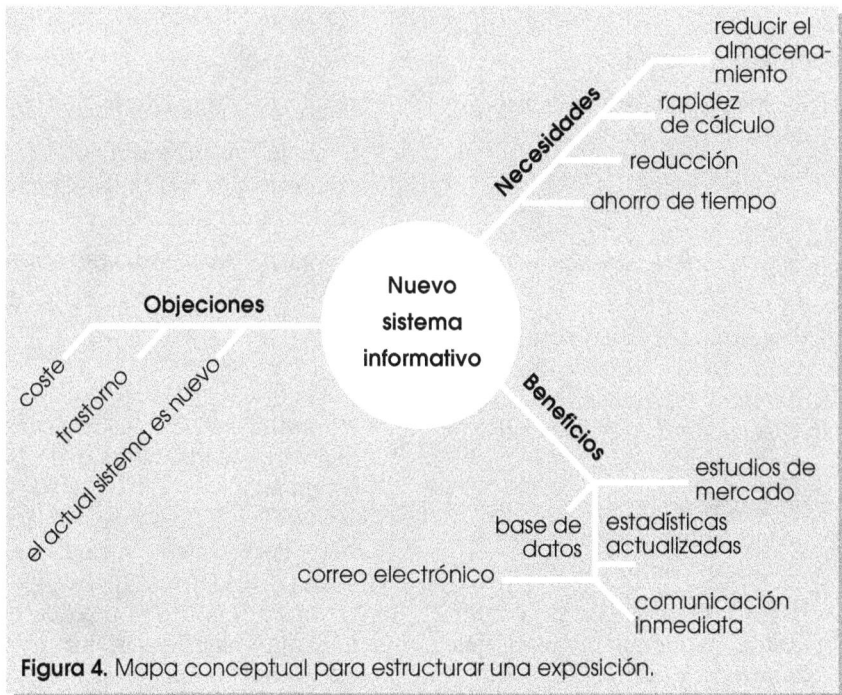

Figura 4. Mapa conceptual para estructurar una exposición.

Ahora que ya ha completado su mapa conceptual, puede ampliar cada idea detallando los argumentos más importantes que le ayudarán a convencer a sus oyentes que acepten su proyecto.

1 *Exponga su objetivo.*
«Tengo la intención de ayudarle a escoger el sistema más adecuado.»

2 *Resuma las necesidades principales.*
- Agilizar las relaciones entre los departamentos y algunas oficinas.
- Proporcionar un análisis estadístico rápido
- Reducir el almacenamiento innecesario de documentos antiguos.

3 *Enumere los beneficios principales que se pueden obtener con su propuesta.*
- Proyecciones instantáneas y detalladas de los requisitos del mercado les permitirán saber con exactitud cuándo se necesitan los productos.
- Fórmulas de fácil uso y macros proporcionarán estadísticas actualizadas continuamente.
- El correo electrónico y el correo interno reducirán los mensajes dentro de la compañía.

4 *Señale cualquier objeción posible.*
- Acepte que puede haber objeciones válidas a sus sugerencias y afróntelas directamente.
- Respóndalas a su vez y obtenga la confirmación de que sus respuestas han sido aceptadas.
- Mantenga sus propuestas e insista en los beneficios que reportará a la empresa su proyecto.
- Si no puede responder a ninguna objeción, trabaje duro para minimizar su impacto en sus propuestas. Asegúrese de que consigue el acuerdo antes de seguir adelante.

5 *Prepare las siguientes fases.*
- Organice visitas a instalaciones de organizaciones similares que ya utilizan el sistema.
- Consiga que su personal informático siga un curso de formación en el uso del *hardware* y el *software* del nuevo sistema.
- Fije reuniones con los analistas del sistema informático de la compañía.

Este listado más formal del contenido le permite ahora preparar sus notas. Estas pueden ir desde unos simples apuntes al margen del mapa hasta unas cuantas cuartillas u holandesas. A muchos conferenciantes les gusta escribirlo todo como si fuera un discurso, subrayando los mensajes claves. Otros prefieren utilizar retroproyectores y simplemente anotan unas pocas ideas en el extremo del marco de la transparencia. Cada persona tiene las suyas. La clave está en saber cuál es la estrategia más adecuada y ceñirse a ella.

ESTABLECER UNA RELACIÓN

Establecer una relación es posiblemente la habilidad más importante que se necesita cuando se intenta convencer a otras personas. De hecho, su cometido consiste en compartir su información o su experiencia con otras personas para realizar, o evitar, un cambio. Por lo general siempre se suele presentar una cierta resistencia ante las nuevas ideas. Si mantiene una buena relación mutua con su audiencia podrá salvar buena parte de esos obstáculos. Debe tener en cuenta que el buen trato con su público le ayudará en los siguientes aspectos:

✔ podrá establecer y mantener el control sin enfrentarse con nadie, estar al tanto de lo que ocurre y ayudar a sus oyentes a cambiar su dirección o sus puntos de vista;

✔ ganará la credibilidad y la confianza de su audiencia. Sin estos factores le resultará difícil superar la hostilidad, la ira y la resistencia al cambio;

✔ ayudará a los demás a que le comprendan con más claridad. Cuando llega el momento en que sabe cómo ellos entienden e interpretan su «realidad», será capaz de presentar sus ideas de la manera más interesante y eficaz.

Cómo relacionarse con los miembros más importantes del grupo

Establecer una buena relación con los miembros más importantes es tan necesario como mantenerla con todo el grupo en general. Es muy probable que estas personas tengan una influencia muy importante y que puedan cambiar las opiniones de sus compañeros en un plazo de tiempo considerablemente corto. Tenga en cuenta que aunque el grupo puede representar a una compañía, cada uno de sus miembros puede tener pensamientos, necesidades y motivos diferentes que pueden ser parecidos o completamente diferentes a los de sus compañeros.

Imagine una comisión formada por personas con objetivos aparentemente interdependientes. Si analiza esos objetivos, verá que algunos de ellos pueden ser opuestos al resto. La razón es que se ven desde una perspectiva diferente.

Imagine que está planificando una exposición donde pretende persuadir a sus colegas de investigar un nuevo producto. Tiene una audiencia de entre ocho o diez personas entre las cuales se encuentran:

✔ un director general emprendedor que desea una política de mercado agresiva que reporte un aumento considerable de los beneficios a corto plazo. Quiere tener un acuerdo rápido y sin problemas. Es impulsivo y no le cuesta aceptar de inmediato;

✔ un jefe de finanzas que se preocupa por la inversión de capital y el coste del préstamo. Quiere ver pruebas sólidas del potencial de inversión a largo plazo. Para convencerlo necesitará preparar varias reuniones y un volumen considerable de información;

✔ un jefe de producción que está encantado de aceptar las exigencias de producción que usted propone. De hecho, está impaciente por empezar.

✔ un jefe de ventas que reconoce la necesidad de emplear más vendedores. Le preocupa la rela-

ción entre las ventas y el coste a corto plazo. Es bastante escéptico ante el valor real de su propuesta.

En principio, no resultaría difícil convencer al director general y al jefe de producción, pero acabaría por enfrentarlos a los otros dos, que tienen razones de peso para no querer seguir adelante. Puede que tenga suerte y el director general solamente consulte la decisión con el de producción y acepte el proyecto. La autoridad siempre es útil. Pero de igual manera se puede presentar el descontento. El jefe de finanzas y el jefe de ventas, sintiéndose molestos porque sus razones han sido ignoradas, pueden trabajar encubiertamente para sabotear el resultado final. Y están bien situados para hacerlo.

Aquí es donde sus habilidades para crear una buena relación entran en juego. Utilizando su empatía, poniéndose en el puesto de cada uno de los cuatro, empezará a ver las cosas como ellos. Una primera entrevista temprana con el jefe de finanzas y el jefe de ventas le permitirá conocer sus preocupaciones y matizarlas en su presentación.

Una lista de los modos de conseguir y mantener una buena relación con personas diferentes puede constar de los siguientes puntos (esta lista no es exhaustiva ya que diferentes circunstancias y grupos mezclados exigirán planteamientos diferentes):

✔ estreche la mano a tantas personas como le sea posible según el tiempo disponible y el número de asistentes;

✔ respóndales con su nombre o su cargo cuando sea pertinente;

✔ mire siempre a las personas más influyentes para demostrar su interés por ellas;

✔ mencione el título o el valor de la función de su trabajo siempre que pueda;

✔ reafirme las necesidades de cada uno a lo largo de la exposición;

✔ responda a sus posibles dudas o miedos y tranquilíceles diciendo que les comprende.

Relación con todo el grupo

Teniendo en cuenta que un grupo es dinámico por naturaleza, los ánimos y las actitudes pueden cambiar de manera súbita. Por ello, debe estar siempre atento para captar inmediatamente esos cambios sutiles que podrían señalar importantes cambios de la actitud del grupo.

- Observe el lenguaje corporal de la gente. Fíjese en los cambios significativos.

- Cuando los cambios tienen lugar, haga algo diferente. Acelere o reduzca la velocidad; siéntese; haga preguntas; sugiera una pausa para un breve descanso; suba el tono de voz; hable más rápida o más lentamente; párese y explique una anécdota que venga al caso; introduzca experiencias relevantes que confirmen su mensaje principal.

- Haga saber al grupo que usted reconoce su prestigio y su importancia dentro de la empresa: «como responsables del departamento de gestión de Willow Park Industries reconocerán que esta propuesta es muy atractiva».

Saber anticiparse

La anticipación es una técnica que permite que la audiencia se imagine una situación futura en la que las ideas que usted está presentando serán muy útiles.

Una manera de conseguirlo es invitar a sus oyentes a que estudien con usted esa situación hipotética y descubran por sí mismos que su propuesta ayuda a resolverla. El ejercicio se puede llevar más allá y preguntar al público cómo se sentirán cuando hayan conseguido algo o escuchen las felicitaciones que reciben por sus logros.

La presuposición

Esta técnica se sirve de palabras y frases que presuponen que alguna cosa o algún acontecimiento tendrán lugar en el futuro.

- Cuando vuelva a su oficina y comience a pensar en lo que se ha hablado aquí…

- Descubrirá que estas ideas serán...

- ¿Hacemos una pausa ahora o dentro de quince minutos?

Las órdenes encubiertas

Las órdenes encubiertas son mensajes entrelazados con otros para que tengan un resultado específico e intencionado. Es posible ordenar a la audiencia que haga algo que usted quiere: «Aunque repartiré un resumen al final de la exposición puede que quieran tomar notas a lo largo de la exposición que complementarán el material presentado».

Un uso más sutil de la orden encubierta puede ser la sugerencia de que sus ideas pueden ser provechosas para sus oyentes en sus tareas particulares.

Frases como «aunque crean *que he sido exhaustivo*, en el caso de que haya alguna duda puedo *responder a sus preguntas* antes de *ir a comer*» siempre dan buenos resultados.

La analogía

La analogía es una de las herramientas más útiles en la comunicación. Puede ayudar a su audiencia a entender en diez segundos algo que de otra manera tardarían en hacerlo un minuto o dos. Es tan fácil como el uso del abecedario. «La forma es muy parecida a la del documento de tasas de su coche.» «El *software* es parecido a un procesador de textos básico.»

Metáforas, ejemplos y anécdotas

Desde siempre todos nos hemos contado historias unos a otros. En todas las partes del mundo la narración tiene una enorme importancia para ayudarnos a formarnos una idea de la vida y de la realidad.

Muchas presentaciones y reuniones suelen ser áridas y fatigosas. Los oyentes a menudo reclaman un poco de diversión o emoción. A primera vista esto puede parecer fuera de lugar en el contexto de una reunión formal o exposición, pero ¿cuántas veces ha notado que la risa es muy efectiva para romper el hielo? La gente se relaja instantáneamente y parece en cierto modo más dócil y abierta a sugerencias.

La metáfora es una manera muy elegante de explicar una historia que contiene un mensaje oculto. En *Steps to an Ecology of Mind* («Hacia una ecología de la mente»), Gregory Bateson nos explica la historia de un hombre que quería conocer más sobre la mente. ¿Serían los ordenadores tan inteligentes como los humanos algún día? Para saberlo, introdujo la siguiente pregunta en el ordenador más potente del mundo: «¿Calculas que algún día pensarás como un ser humano?».

El ordenador tosió y resopló, hizo ruidos, se quedó silencioso un buen rato y después imprimió su respuesta. El hombre la cogió de la impresora con gran excitación y leyó las palabras siguientes: «Esto me recuerda una historia...».

Las metáforas se utilizan mucho en las terapias. Esto se debe a que el paciente piensa siempre que no ha perdido el contacto con la realidad. Hablarle en su lenguaje podrá ser repetitivo y cansino, pues se utilizan los mismos modelos de lenguaje y los mismos términos descriptivos. (¿Se ha dado cuenta alguna vez de cómo las discusiones domésticas siguen a menudo un modelo casi ritual, desde las primeras palabras hasta la conclusión inevitable?) Los terapeutas han encontrado que una manera clara y simple de hablar aparentemente de la «realidad» del paciente es utilizando metáforas, historias, chistes, parábolas, experiencias y otros ejemplos. Esto permite al terapeuta hacer cambios pequeños pero significativos en la manera de explicar la historia. Haciendo esto, se cambia de inmediato la perspectiva del paciente. Una vez esto ha tenido lugar, a menudo resulta más fácil reformular el contexto y las causas del problema y facilitar de este modo las posibilidades de cambio.

En un nivel más básico, la metáfora puede parecer algo como: «Recuerdo lo difícil que me resultaba de niño aprenderme las tablas de multiplicar. Parecía del todo imposible. Pero poco a poco empecé a ponerlas en mi mente inconsciente y ahora, cuando alguien dice "cuatro por siete" no tengo que pensar la respuesta, sino que viene sola». Esta sencilla introducción puede continuar así: «Si ahora le resulta difícil entender parte de mi material, esté seguro de que más adelante descubrirá cómo brota de su mente inconsciente». (Fíjese en las presuposiciones añadidas y en las órdenes escondidas en la última frase.)

Las proposiciones ancladas

Una proposición de este tipo es un importante mecanismo de estímulo y respuesta. Por ejemplo, hay gente que tiene hambre sólo con entrar en la cocina.

Puede utilizar esta potente herramienta en sus presentaciones para aumentar de esta manera la comprensión, aceptación y empatía de su audiencia.

A la hora de presentar su proyecto puede utilizar diversos registros.

Puede que quiera ser particularmente dramático o serio, pero también puede que quiera hacer sugerencias explícitas o dar órdenes a la audiencia. Otras veces, sin embargo, deseará ser más amable y dar un tono distendido a su exposición.

Cuando está siendo particularmente serio, por ejemplo, hablará en diferentes tonos y el ritmo del mensaje será especial. También podría ir a hablar desde otra parte de la sala, de este modo relacionaría el lugar con lo que está diciendo. Durante su exposición,

siempre que quiera dar especial énfasis a un mensaje, puede volver al mismo lugar, hacer una pausa y hacer sus observaciones. Inconscientemente, su audiencia entenderá la importancia de este gesto y será mucho más susceptible a las sugerencias hechas desde esa parte de la sala.

(Un ejemplo típico de ello es el orador que se sienta espontáneamente en la esquina de la mesa para dar indicaciones generales pero que después se coloca detrás de la mesa, de pie, y habla con voz más alta cuando los contenidos requieren una atención mayor.)

OBTENER EL CONSENSO

Las razones principales por las que usted ha convocado a un grupo para que escuchen sus ideas son las siguientes:

✔ la necesidad de convencerles para que tomen la iniciativa que les propone;

✔ persuadirles para que en todo momento estén y se muestren de acuerdo con sus ideas.

El camino para el acuerdo puede estar lleno de peligros y frustraciones. Cree que les ha convencido cuando alguien al fondo pregunta «¿ha pensado en lo que pensará la División Norte de su idea?». Los asistentes se miran unos a otros y asienten significativamente. Surge un susurro, se convierte en murmullo y se da cuenta de que ha perdido el control. Ha seguido un camino y el señor del fondo ha seguido otro totalmente distinto.

Cuando viaja a un destino muy conocido tendrá algunas rutas alternativas en mente. Esto es en el caso de que no haya demoras o retrasos imprevistos. Usted comprueba el mapa y memoriza las alternativas posibles.

En estos casos sucede exactamente lo mismo. Tiene también un destino (acuerdo del grupo con sus ideas) y del mismo modo necesitará disponer de varias rutas posibles para tener éxito.

Recurra a las superpreguntas

Cuando un participante en su reunión o exposición dice «no podemos hacer esto», pregúntele qué es exactamente lo que le impide hacerlo.

No pregunte por qué, simplemente limítese a buscar la causa aparente.

El riesgo, sin ninguna duda, está cerca si se remite al pasado. Es posible que pida al grupo que haga un cálculo o una valoración arriesgados.

Algunos oyentes querrán mantener en todo momento su punto de vista, porque no se atreven a cambiar de estrategias.

Algunas superpreguntas útiles que puede hacer a su audiencia son «¿qué pasará si no cambiamos?», «¿cuáles serán las consecuencias?», «¿cómo afectará esto a nuestra posición dentro de un mercado competitivo?», «¿hasta qué punto puede todo esto afectar a los beneficios?».

Cuestione cada uno de los motivos por los que sus oyentes no aceptan sus planes y muestran su rechazo en el último momento. ¿Por qué no presentaron sus dudas antes? ¿Por qué han esperado hasta el final para intentar hacer naufragar su propuesta?

Si le parece oportuno, pregunte al resto del grupo si está de acuerdo con las objeciones que han presentado sus compañeros. Esto le dará rápidamente una idea de la cohesión del grupo. A menudo sucede que quienes presentan dudas a última hora no están seguros de los beneficios de su propuesta o simplemente intentan atraer la atención de sus compañeros o superiores.

De todas formas, vaya con mucho cuidado. Puede ganar esta discusión, pero a menos que la lleve con atención puede encontrarse con que su contrincante consigue invertir la situación en otra ocasión.

RESUMEN

1. Combata su miedo mediante una preparación detallada, unos ensayos y sabiendo que un poco de miedo puede ayudarle a impulsar su presentación.

2. El tiempo destinado a la planificación de su actuación puede ser la inversión más valiosa que puede realizar.

3. Estructure su sesión alrededor de tres puntos básicos. Prepare un mapa conceptual que le ayude a identificarlos y a observar cómo puede unir todos los datos.

4. Trabaje duramente para establecer una relación con el grupo y con sus miembros más importantes.

5. Plantee situaciones hipotéticas, haga presuposiciones y dé órdenes encubiertas para reafirmar su mensaje.

6. Recurra a analogías, metáforas, anécdotas, historias, experiencias de referencia, incluso chistes para dar vida y estilo a su actuación.

7. Utilice palabras poderosas para añadir peso a su mensaje.

CAPÍTULO 12

CONVENCER POR TELÉFONO

No me llame. Le llamaré yo.

A pesar de que hoy en día casi todo el mundo dispone de un teléfono, muy pocos saben cómo utilizarlo correctamente desde un punto de vista profesional. No podemos vivir sin él pero, paradójicamente, puede convertirse en nuestro peor enemigo. Este capítulo analiza las maneras de superar los prejuicios que se tienen ante este aparato para ayudarle a obtener el máximo provecho de uno de los medios de comunicación más utilizados hoy en día.

Se ha dicho que los seres humanos pasan el 80 % del tiempo que están despiertos comunicándose con otras personas. El 30 % de este tiempo se dedica a hablar y el 50 % a escuchar. Y sin embargo se estima que una hora después de haber entablado una conversación se olvida la mayoría de la información o, lo que es peor, se tergiversa.

Los problemas de comunicación que podemos tener a la hora de hablar por teléfono son los siguientes:

✔ ausencia absoluta de señales visuales;

✔ riesgo de perder el control de la conversación;

✔ necesidad de brevedad;

✔ el teléfono es considerado comúnmente por la gente como una intrusión.

FALTA DE SEÑALES VISUALES

En algunos aspectos, el hecho de que no podamos ver a la persona con quien hablamos por teléfono puede ser una ventaja. Cuando hablamos cara a cara nuestros sentidos reciben una avalancha de información. Vemos muchas cosas que no guardan relación con lo que se nos explica: una persona que pasa a nuestro lado, una puerta que se abre y se cierra, un autobús que aparca delante de donde estamos, etc. Quizá no sean distracciones serias pero son distracciones al fin y al cabo. En algunos aspectos, por lo tanto, al aislar las palabras, el teléfono tiene una ventaja superior en comparación con otros medios de comunicación.

Sin embargo, cuando persuadimos a alguien para que tome una decisión apoyamos nuestra propuesta con algunas señales. Sin estar con esa persona, sin verla en su ambiente, puede resultar difícil evaluar correctamente sus deseos, sus sistemas de valores y sus creencias. Cuando hacemos una observación, ¿cómo podemos estar seguros que la otra persona está de acuerdo con ella? Las señales no verbales que acompañan todas nuestras comunicaciones con el mundo no están. De este modo, cuando la otra persona dice «sí», ¿cómo

podemos estar seguros que no quiere decir «quizás» o incluso «no»?

Durante la última década se ha prestado mucha atención a la relación con el cliente. Muchos eslóganes lo demuestran: «lo nuestro es un negocio con la gente», «el cliente es el rey», «la satisfacción del cliente lo es todo». El énfasis ya no recae en nuestro esfuerzo por convencer a los otros sino en lo bien que sabemos relacionarnos con ellos. Por ello, es esencial que la atmósfera que creamos por teléfono se estructure según los valores, creencias, necesidades y deseos de la otra persona. Además, es mucho mejor hacer una llamada larga que no varias cortas. Hay que tomarse tiempo para familiarizarse con otra persona y reafirmar la relación, ya que puede reportar grandes beneficios. En 1979 el corredor de bolsa americano Merrill Lynch hizo un estudio y encontró que la razón principal por la que un comprador escogía un agente de bolsa fue porque le gustó la persona con quien estaba tratando. La sinceridad y la confianza vinieron en segundo y tercer lugar respectivamente. En último lugar estaba la habilidad de hacer dinero.

Antes de coger el teléfono para convencer a alguien hágase la siguiente pregunta: «¿Qué es más importante para mí: convencer a una persona o persuadirla para que esté de acuerdo conmigo?».

Hay una sutil diferencia. Convencer a otra persona implica concentrarse en el contenido del mensaje, en su propio resultado en vez del de la otra persona. Persuadirla para que esté de acuerdo con sus ideas significa que se concentra en la otra persona, en sus necesidades, miedos y aspiraciones.

CÓMO UTILIZAR LA VOZ

La comunicación por teléfono puede resumirse en dos partes: el contenido y la forma en que se comunica. Cuando pensamos en nuestra voz, solemos concentrarnos en el tono. Cuando nos esforzamos para afianzar una relación, el tono es una parte de lo que podemos controlar. También tienen importancia:

✓ el ritmo y la velocidad de las palabras;

✓ el volumen en que hablamos;

✓ las expresiones y el vocabulario que empleamos.

Antes de ver estas tres importantes variables, examinemos la importancia del tono de voz. A lo largo del libro he hecho hincapié en la importancia que tiene la percepción sensorial en el proceso de comunicación. El tono de voz contribuye en un 38 % en la correcta comprensión del mensaje que se emite. El énfasis que se da a cada palabra pronunciada puede cambiar radicalmente el significado recibido de nuestra comunicación. Coja una frase como «me gustaría que tuviera el informe listo para la reunión del viernes». ¿De cuántas maneras podemos alterar el significado o cambiar el énfasis de esta simple frase?

- Me gustaría que tuviera el informe listo para la reunión del viernes (sin énfasis).

- *Me* gustaría que tuviera el informe listo para la reunión del viernes.

- Me *gustaría* que tuviera el informe listo para la reunión del viernes.

- Me gustaría que *tuviera* el informe listo para la reunión del viernes.

- Me gustaría que tuviera *el informe* listo para la reunión del viernes.

- Me gustaría que tuviera el informe *listo* para la reunión del viernes.

- Me gustaría que tuviera el informe listo para *la reunión* del viernes.

- Me gustaría que tuviera el informe listo para la reunión *del viernes*.

Una frase y ocho variantes tonales hacen que un significado aparentemente idéntico adquiera unos matices insospechados. ¿Cuántas veces ha oído las palabras «muy urgente» y ha deducido la urgencia a partir del énfasis que se ponía en la palabra *muy* o en *urgente*?

Controlar la velocidad del discurso

Hay hablantes rápidos y hablantes lentos. Los hablantes rápidos suelen pensar que los hablantes lentos son inseguros, titubean y sitúan al oyente lejos de la conversación. Por el otro lado, los hablantes lentos simplemente no pueden comprender el chorro de palabras que llega a través de la línea. ¿Usted es rápido o lento? ¿Ajusta su velocidad de discurso en función de la persona a quien intenta convencer? Conseguirlo es bastante fácil, pero olvidarse y pasarlo por alto lo es mucho más. Sin embargo, es uno de los modos más eficaces y sutiles de conectar con la otra persona y entablar

rápidamente una relación a pesar de que no la vea y hablen por teléfono. Incluso a pesar de que la otra persona esté muy nerviosa, farfulle o se olvide palabras, todavía es posible conectar. En estos casos, lo mejor es reducir la velocidad y el volumen hasta que se establezca la normalidad. Verá cómo su autocontrol acaba por contagiar a su interlocutor.

Controlar el volumen de voz

La mayoría de la gente utiliza el volumen de voz para expresar su estado de ánimo. Cuando uno está triste o de luto es normal y adecuado hablar con suavidad. Por otro lado, este acercamiento sería inusual en una fiesta o en un importante encuentro social. Hay personas que se quedan calladas o hablan pausada y tranquilamente cuando están enfadadas o descontentas. Otras hablan rápidamente y chillan. Cuando empiece a notar los diferentes modos en que se comporta la gente, cómo utilizan el volumen de voz para respaldar su mensaje, fíjese también en cómo le afecta esto. ¿Se siente intimidado por la gente que chilla o habla muy alto? ¿La gente que habla en un tono bajo y con tranquilidad consigue irritarle?

Adaptarse al mismo volumen de voz que el del interlocutor puede resultar un poco difícil al principio. A primera vista parece contraproducente responder gritando a alguien que le está chillando. Pero póngase en su puesto por un momento. ¿Cómo pueden sentirse si permanece tranquilo y calmado? Pensarán inmediatamente que hay un desequilibrio, tal como lo pensarían también si ellos estuvieran contentos y distendidos y usted no.

¿Por qué hay que esforzarse tanto? ¿Acaso es tan importante? Sin duda lo es, porque es el preludio de una relación mucho más estrecha. Las personas que hablan alto y con convicción pueden pasar inmediatamente a un tono más sosegado. Podría sonar así:

Interlocutor (en voz alta): No estoy de acuerdo con usted y eso es todo.

Usted (en el mismo tono): Sí, y puedo ver su punto de vista. *(Un poco más bajo.)* Lo que necesitamos es saber dónde están las diferencias para solucionar las cosas. *(Aún más bajo.)* Estoy seguro que estará de acuerdo en que los dos podemos ganar si podemos establecer los puntos secundarios.

Interlocutor (en voz más baja): Bueno, sí, supongo que tiene razón. ¿Qué propone exactamente?

Evidentemente, en la vida real este diálogo sería mucho más largo. Si no consigue conectar y dirigir la conversación, vuelva al volumen original e inténtelo de nuevo. Persista y verá cómo sale ganando.

ADAPTAR PALABRAS Y MODELOS DE DISCURSO

Adaptar palabras y modelos de discurso es fácil pero requiere cierta habilidad. Escuche a los locutores de radio. Con sólo un canal sensorial, el oído, hablan de manera económica y expresiva. Preste atención durante unos minutos y después imite al presentador. Dése cuenta de las diferencias que hay entre su estilo y el del locutor.

Nosotros vemos el mundo desde nuestro punto de vista individual. Nos pasamos una gran parte del día describiendo a otra gente esa «realidad» que vemos. Como nuestra «realidad» es sólo una percepción personal, a menudo resulta difícil e incluso contraproducente intentar cambiarla. Dar un paso dentro de la realidad de otra gente exige el uso de otros métodos para describirla. Por ejemplo, pueden utilizar adjetivos característicos como *precioso*, *grande* o *bonito*. O adverbios como *rápidamente*, *fácilmente* o *aproximadamente*. Un análisis de estas seis palabras no revela nada. ¿Qué significan exactamente? ¿Qué es *bonito*? ¿Hasta qué punto *aproximadamente* significa algo?

A menos que necesite saber el significado exacto de estas palabras no se moleste en utilizar la superpregunta. Puede emplear la misma palabra:

Interlocutor: Queremos que se haga rápidamente.
Usted: ¿Es importante que se haga rápidamente?

El uso del modelo de discurso es muy similar. Muchos de nosotros tenemos frases preferidas que utilizamos muy a menudo. Sabemos lo que queremos decir cuando utilizamos estas palabras. Aquí tenemos algunos ejemplos:

- ¿Entiendes?

- Entiendo

- De acuerdo

- Vale

- Bien

- Es cierto

- Perfecto

Hay a menudo una relación entre los modelos del discurso preferidos y la personalidad. Por ejemplo, el tipo extrovertido, dominante e impulsivo puede que utilice expresiones como «sí, bien, lo he entendido» para sugerir que necesita ir más allá. El introvertido, silencioso y dominante, puede que diga «sí, creo que sé lo que quiere decir y estoy completamente de acuerdo con su punto de vista». El extrovertido sumiso y alegre, utiliza a menudo frases como: «Estoy contento de oír eso, vamos a hablar más». El introvertido sumiso y prudente, por otro lado, no será ni tan sociable ni tan charlatán: «Estoy un poco inseguro sobre el último punto; ¿le importaría volver a explicarlo otra vez?»

Escuche con atención e intente saber cuál es el tipo de discurso que debe articular. No tiene que copiarlo ciegamente, sólo debe estar en consonancia con él. A todos nos gusta encontrarnos con alguien que se nos parece, pero nos irrita que alguien nos imite.

LAS PALABRAS QUE DEBEN UTILIZARSE POR TELÉFONO

Las oraciones cortas y claras sugieren decisión. Las oraciones largas que se van por las ramas y están llenas de frases subordinadas sólo provocan confusión. Lamentablemente, cada vez es más frecuente encontrarse con personas que hablan de esta manera: «Si entiendes el significado, quiero decir que la mayoría de nosotros lo hace de vez en cuando, bueno, quizá no la mayoría pero es seguro que muchos lo hacen, me imagino que lo habrás visto ¿me equivoco?». Si no se sigue el hilo con atención es muy fácil perderse y acabar afirmando algo que no tiene ni pies ni cabeza.

De hecho, los estudios de pragmática y teoría de la comunicación han demostrado que la mayoría de adultos experimenta una creciente dificultad a la hora de seguir el sentido de una frase hablada de más de dieciocho palabras.

Utilizar nombres por teléfono

Cada día es más habitual tutear a personas que no conocemos. Microsoft hizo recientemente un experimento con su servicio de ventas por teléfono en el Reino Unido. Sus operadoras saludaron a las personas que llamaban diciendo: «Buenos días, gracias por llamar a Microsoft Connection, estás hablando con Darren, ¿en qué puedo ayudarte?». El análisis demostró que una media del 40 % de personas que llamaron contestaron inmediatamente utilizando su nombre: «Buenos días, mi nombre es Richard Storey». «Gracias por llamar, Richard. Si te puedo ser de ayuda me puedes llamar a la extensión 4.931 y preguntar por Darren.»

A mucha gente le gustó este trato, pero hubo también quien se quejó. Todo estriba en el modo de juzgar a la persona según la manera en que se presenta. Si no hay ningún problema, este será el modo más conveniente de presentarse. Es muy útil dirigirse a otras personas por el nombre al principio de la conversación, quizás una o dos veces en el transcurso de la misma y por supuesto al final. Sin embargo, no hay que abusar de los nombres de las personas que no conoce por teléfono. Al cabo de

---

RESUMEN

1. Utilice su voz para entablar una relación por teléfono.

2. Controle la velocidad de su discurso.

3. Sea consciente del volumen de su voz.

4. Conecte con las palabras y los modelos de discurso de la otra persona.

5. Llame a su interlocutor por su nombre, pero sin abusar.

CAPÍTULO 13
ESCRIBIR PARA GANAR

> *La pluma es más poderosa que la espada.*
>
> E.G. BULWER-LYTTON

un tiempo puede resultar molesto. La necesidad de convencer a otras personas a través de la escritura es habitual en casi todos los sectores económicos, ya sean públicos o privados. Empresas de todo el mundo generan cada día millones de cartas, faxes, informes y propuestas. En este capítulo se repasan algunos de los modos en que algunos de los redactores publicitarios y redactores de cartas comerciales de hoy en día intentan influir en las decisiones de sus lectores.

Aunque el inglés es la lengua que se utiliza con mayor asiduidad en el lenguaje económico, existen ciertas variaciones en sus aplicaciones, ortografía y uso que pueden llegar a crear graves malentendidos. La población de Estados Unidos posee el mayor grupo nacional de habitantes de habla inglesa, sobrepasando a los otros hablantes nativos de otros países. Olas de inmigrantes británicos llevaron el inglés a África, Australia, Nueva Zelanda y a otras partes de lo que fue el Imperio Británico. El inglés escrito en estos países (incluyendo la India, Hong Kong, Malaisia, Jamaica, Belice y las Bermudas) ha mantenido el uso convencional del británico.

Si su documento ha de verse en otro país, asegúrese que en la medida de lo posible se ajusta a las expectativas del lector local. El empleo de una convención ajena puede provocar el rechazo de los lectores de una comunidad determinada.

OCHO REGLAS PARA ESCRIBIR INFORMES Y PROPUESTAS MÁS CONVINCENTES

1 Salude siempre a sus lectores. Incluya una carta adjunta (o un memorándum si el informe es de uso interno).

2 Enfatice sus credenciales.

3 En la medida que le sea posible dentro de los criterios estipulados, escriba con un estilo propio.

4 La extensión no prueba nada. No hay reglas que estipulen el número de páginas de un manuscrito. Debería ser tan largo como fuese necesario, pero no más.

5 Aunque los informes y propuestas suelen estar escritos en un estilo impersonal, con expresiones como, por ejemplo, «se apreciará que» o «se ha llegado a la conclusión que», es mejor intentar conectar con el lector de una manera más directa. Pruebe con «como puede ver» o «como ingenieros, comprenderán muy bien», etc.

6 Incluya alguna frase llamativa en el título de su informe: «Llevamos su eficiencia hasta el límite».

7 Los informes cortos (doce páginas o menos) no requieren índice, apéndices, etc.

8 No recargue demasiado el documento. La piel grabada con oro trabajado puede que venda un diccionario pero su propuesta necesita probablemente un diseño mucho más sencillo.

EL ESTILO

El estilo suele fijarlo la organización para la que trabaja o la persona a quien se escribe. Las propuestas solicitadas exigen a menudo que se sigan unas convenciones estrictas de exposición, estilo y contenido. Este procedimiento, si bien resulta fácil ajustarse a él, casi no permite escribir de una manera personalizada.

Como regla general el estilo debería ajustarse a estas tres normas:

- precisión;

- brevedad;

- claridad.

La precisión es sin duda muy importante. Si en una conversación dice algo impreciso, los otros le señalarán el error, o se corregirá rápidamente usted mismo. Si por el contrario lo ha escrito, es imposible arreglarlo. Estará allí para que todos lo vean para siempre y su nombre figurará al pie. Revise y vuelva a revisar para suprimir cualquier error, sea de expresión o de impresión. Una vez trabajé para un director general que era un experto en descubrir errores en informes. Abría una página de un documento al azar y lo leía por encima. Entonces se detenía, examinaba una parte y levantaba la vista. «Esto no parece que esté bien, ¿verdad?» Nos apresurábamos a localizar la cifra o la palabra errónea. Casi siempre tenía razón y a pesar de nuestras excusas desesperadas, era imposible borrar el mal efecto que habíamos causado.

La brevedad es otro aspecto fundamental de la escritura. Comúnmente se cree que la longitud de un documento indica de algún modo la cantidad de tiempo y esfuerzo que han sido invertidos en su creación. Esto puede ser cierto, pero el lector medio no tiene tiempo para leer con dificultad un informe farragoso. Quiere saber qué se le recomienda, sus conclusiones básicas, el coste y el plan de ejecución. Los caminos y los medios para llegar a ellos son generalmente de poca importancia para el lector ocupado. Si su documento es bastante largo, prepare un índice que acompañe al informe importante, de este modo

garantizará una mejor lectura de su informe, ya que todos podrán formarse una idea antes de leerlo.

La claridad de estilo a la hora de escribir implica sencillez y un estilo directo. Tome estos dos fragmentos como ejemplo (los dos han sido adaptados de informes reales):

Los miembros de un subcomité han dado una consideración prudente a la pregunta de si es necesario o deseable en algún modo que la nueva legislación sea aprobada para facilitar la transferencia de licencias a locales públicos de nuevas áreas de vecindarios urbanos para seguir el consecuente movimiento de la población.

No a todos los centros de formación pedagógica les causó sorpresa los retos socioeconómicos característicos de los noventa. Los cambios que han ocurrido durante la última década son una evidencia impresionante de su habilidad de hacer ajustes importantes ante nuevas situaciones. Hasta qué punto, sin embargo, tan innovadores ajustes han reemplazado suficientemente los antiguos hábitos o han contribuido a la reorientación sociológica de la formación del profesorado es una cuestión abierta. Puede que lleve más tiempo de lo que pensamos para que estos ajustes revelen su importancia acumulativa total.

En el primer fragmento hay varias características que contribuyen a la falta de claridad.

* La frase es demasiado larga. Mantenga la longitud de la frase a un máximo de dieciocho palabras.

* Hay demasiadas palabras innecesarias: «Los miembros de un subcomité han dado una consideración prudente» podría reducirse fácilmente a «el subcomité ha considerado».

* La puntuación es inexistente.

Al segundo fragmento también le falta claridad, aunque por razones diferentes.

* El vocabulario es demasiado recargados: los «centros tradicionales de formación pedagógica» podrían llamarse «colegios de formación de profesores según el plan antiguo».

* Los términos importantes están acompañados de adjetivos innecesarios («evidencia impresionante», «ajustes importantes», «reorientación sociológica»). En muchos casos pueden suprimirse sin afectar el sentido general.

* Tiene un tono pomposo que parece pensado para impresionar al lector.

Para estar seguro de su escrito, puede mostrárselo a un amigo o a un colega cuya opinión le merezca confianza o bien utilizar el corrector gramatical que incorporan algunos procesadores de textos. También puede revisarlo usted mismo intentando comprobar si ha logrado adecuar su estilo al contenido y a la persona que lo dirige, ya que lo importante es que el receptor se sienta cómodo mientras lo lee. A esta relación entre el estilo, el contenido y el lector se le denomina *factor niebla*.

Cómo calcular el factor niebla

Para calcular el factor niebla tome un texto de unas cien palabras que no contenga citas. Divida el número de palabras entre el número de frases para obtener la extensión media (A). Ahora sume el número de palabras que tienen tres o más sílabas evitando nombres propios o nombres que tengan prefijos o sufijos y que las haga más largas. Llame a esta suma B.

Sume los totales A y B y multiplique por 0,4. El resultado es el factor niebla. La cifra final representa aproximadamente la edad mínima que requiere su lector para comprender el significado de su texto escrito. Por ejemplo, los periódicos británicos tienen los siguientes factores: *The Sun*, entre 6 y 8; *Daily Express* y *Daily Mail*, entre 10 y 12; *Daily Telegraph*, *The Guardian* y *The Times*, entre 14 y 18; *The Independent*, entre 20 y 24.

La complejidad de un escrito técnico puede reducirse si se emplean frases cortas. Si sus frases suelen ser largas porque van acompañadas de subordinadas (más de dieciocho palabras) puede reducir el factor niebla con palabras de pocas sílabas.

LA IMPORTANCIA DE UNA BUENA PRESENTACIÓN

Uno de mis clientes representa a una fábrica de instrumentos aeronáuticos y a menudo le piden que trate de conseguir negocios, normalmente en competencia con empresas alemanas y estadounidenses. Aunque las mismas propuestas se presentan según un formato acordado, no se especificaba nada acerca de las cubiertas de los informes. Durante un tiempo mi cliente adjuntaba fotografías brillantes en color de cabinas y de aviones de combate realizando exhibiciones boca arriba muy ruidosas o volando entre montañas llenas de nubes. Después de una visita del Ministerio de Defensa, le dijeron que debía restringir sus futuras cubiertas a las impresiones de color azul claro y negro.

¿Qué le dice esto acerca de la fuerza de su exposición? Es evidente que el contenido de las propuestas de mi cliente quedaban en segundo plano en comparación con aquellas fotografías tan espectaculares. Una presentación atractiva no incrementará la cifra de contratos si el estilo del texto es desmañado y aburrido.

* Si su compañía vende equipos informáticos utilice un dibujo o una fotografía del equipo o de las personas que lo utilicen.

* Si ofrece un servicio, utilice dibujos sencillos o fotografías de personas realizándolo o recibiéndolo.

* Si su compañía suministra productos *software*, nunca está de más incluir fotografías del aspecto que tiene el programa visto en pantalla.

CÓMO ESTRUCTURAR EL CONTENIDO

Una gran parte del proceso de persuasión a través de la escritura consiste en facilitar las cosas al lector. Un cliente mío escribió una vez un informe muy largo a su junta directiva y sin ninguna mala intención o sólo por simple ignorancia decidió no resumir sus recomendaciones. Todas estaban allí, pero dispersas por todo el texto. Esta estrategia obligó a sus lectores a buscar sus recomendaciones o incluso a leer todo el texto a fin de poder descubrir cuáles eran. Como el informe llevó unos meses, y se trataba de un documento largo, mi cliente me preguntó si sabía por qué después de nueve meses aún no había recibido ninguna respuesta.

La respuesta era simple: no había intentado facilitar la tarea a sus lectores. Imaginó que correrían a sus casas estrechando contra el pecho su interesante informe, ansiosos por meterse en la cama dispuestos a una lectura fascinante. Sin embargo, lo que debió de pasar fue que los miembros de la junta echaron un vistazo al informe y se lo entregaron a algún ayudante para que lo valorara. En cualquier caso, el informe, sus conclusiones y sus recomendaciones naufragaron sin dejar rastro.

El índice es una herramienta clave para influir en la decisión de los lectores, pues tal vez no dispongan del tiempo necesario o no estén dispuestos a leer todo su informe. Por ello, cualquier escrito de este tipo debe incluir:

✔ una descripción concisa de cómo sus propuestas tratan las necesidades del lector;

✔ una versión narrativa breve de sus propuestas;

✔ una mención breve de cualquier suposición que pueda haber hecho;

✔ una breve explicación técnica;

✔ un vocabulario técnico ajustado al lector;

✔ una cifra total del coste, sin caer en listas de precios detalladas y aburridas;

✔ detalles breves de los requisitos de ejecución y duración cuyo desarrollo puede incluirse más adelante.

El diseño de la página

Procure que su informe sea todo lo legible y agradable visualmente que pueda. Los márgenes amplios, el doble espacio, las sangrías, los sistemas de numeración claros y las ilustraciones adecuadas harán mucho más agradable la lectura.

Las ilustraciones

Muchas veces se ha perdido un buen argumento porque el escritor no consiguió ver que podía reforzarlo con ilustraciones y tablas pertinentes. Son de gran importancia cuando:

✔ se hacen comparaciones entre dos planes de actuación o entre el pasado y el presente (o el futuro);

✔ se escribe para lectores que están acostumbrados a ver ilustraciones;

✔ reforzando mensajes subliminales, como por ejemplo usuarios que sonríen felizmente mientras hacen funcionar su maquinaria.

ANTICIPAR Y TRATAR LAS OBJECIONES

Una vez alguien describió las propuestas comerciales como argumentos engañosos que intentaban llegar a conclusiones previstas. Muchos informes, cartas y propuestas comerciales siguen esta definición. Vale la pena admitir cualquier error en su argumentación desde el principio y después exponer sus propuestas para corregirlo o atenuarlo. Los errores más graves son:

✔ simplificaciones excesivas;

✔ falsas analogías;

✔ palabras ambiguas;

✔ ilustraciones engañosas;

✔ banalidades;

✔ afirmaciones genéricas;

✔ conclusiones falsas;

✔ engañar al lector a través de omisiones conscientes;

✔ introducir cuestiones irrelevantes en la argumentación;

✔ asumir aspectos que se han dado por supuestos.

LAS CARTAS COMERCIALES

A menudo suele decirse que las cartas comerciales son aburridas, estereotipadas, presuntuosas y poco amistosas. Una vez me comentaba un cliente: «Es verdad, pero no podemos hacer nada al respecto porque así están en nuestro procesador de textos». Vaya respuesta. ¿Quién escribió las cartas? ¿Otro procesador de textos? ¿Y quién dice que no pueden cambiarse, mejorarse o desecharse?

A la hora de escribir, suprima los clichés. Da igual si otra persona los utiliza con éxito: piense si usted los diría con naturalidad. La mayoría de las expresiones siguientes son inevitables, pero pueden sustituirse con otras mucho más directas y afables:

• Notifíquenos...

• Creemos que...

• Acusamos recibo de...

• No estamos en condiciones de...

• Veremos la forma de...

- Tenga la seguridad de que…

- En el caso de que…

- A qué hora…

- Creemos…

- Somos de la opinión que…

- En vista del hecho que…

- Próximamente…

- Estudiaremos…

- Le devolvemos adjunto…

- En referencia a…

- En relación con…

Si quiere un modelo de claridad, concisión y persuasión, estudie las cartas de ventas que enviaron empresas como Reader's Digest, American Express o Time-Life. Siempre que lo menciono en mis cursos de formación, mis alumnos protestan. Muchas personas las tiran sin ni siquiera haber abierto el sobre. Pero, ¿cómo es que tienen tanto éxito y reportan tantos beneficios? ¿Por qué generan una respuesta tan grande? Écheles una ojeada y estúdielas. Verá cómo aprende algo.

Finalmente, termine su carta con una frase clara en la que exponga qué es lo que desea que haga quien la va a leer. Nunca deje nada a medias. Esta es posiblemente la parte más importante.

RESUMEN

1. Recuerde las tres cualidades que debe tener un escrito: precisión, brevedad y claridad.

2. Utilice el factor niebla para probar su propio estilo de escritura.

3. Piense atentamente cómo le gustaría que se juzgara su material. El diseño y la exposición tienen que procurar que el documento sea «legible».

4. Piense en la presentación y estructuración de los informes y propuestas largos. Haga todo lo posible para ayudar a sus lectores a encontrar su camino en el documento.

5. Utilice tantas ilustraciones como le sea posible.

6. Anticipe y trate las objeciones antes de dejar que se presenten.

7. Haga todo lo posible para evitar que cartas, faxes, memorandos y mensajes electrónicos sean aburridos y estereotipados.

8. Termine siempre con una frase clara que explique lo que quiere que haga el lector.

APÉNDICE
CÓMO ESCOGER
UN MODELO DE PERSUASIÓN

Para persuadir no existe una fórmula mágica. No siempre conseguirá el éxito. Sin embargo, para lograr buenos resultados es necesario desarrollar y utilizar un método escogido cuidadosamente. Este método dependerá de las circunstancias y las personas implicadas. Existen varios modelos estratégicos que suelen emplear los empresarios más influyentes. Pruebe los métodos siguientes y decida cuál le conviene más a usted y se adecua a su estilo. Puede adaptar todos aquellos detalles que no le den buen resultado; todo es cuestión de ponerlo en práctica.

¿Con qué método se siente más a gusto? ¿Cuál es el método que le exige, desarrolla y hace crecer más?

EL MÉTODO SISTEMÁTICO

Utilice o adapte ahora la siguiente lista para que le ayude a planificar su método de persuasión para que, de esta forma, sea mucho más sistemático.

FASE UNO	Preparación de la situación: ¿con quién voy a entrevistarme?
	¿Esa persona va a decidir o forma parte de una comisión investigadora?
	¿Qué es lo que quiero que hagan y piensen?
	¿Cómo desarrollaré mi actuación?
	¿Cuántas reuniones prepararé?
	¿Dónde celebraré la reunión?
	¿Cuáles serán las ventajas y las desventajas de convocar las reuniones en lugares distintos?

FASE DOS	Objetivos específicos: ¿Qué resultados deseo? ¿Cuál es el mejor resultado que puedo obtener? ¿Cuál es el peor? ¿Cuál es el más probable?
FASE TRES	¿Qué sé acerca de los valores y creencias, necesidades y deseos de la persona que toma la decisión?
FASE CUATRO	¿Qué beneficios aportará mi propuesta a la otra persona?
FASE CINCO	¿Qué estilo funcionará mejor? ¿Cuál dará menos resultado?
FASE SEIS	¿Cómo suele tomar una decisión mi interlocutor?
FASE SIETE	¿Cómo es su personalidad y cómo puede afectar a mi estrategia y mis tácticas?
FASE OCHO	¿Cuál es la mejor manera de desarrollar y mantener una buena relación?
FASE NUEVE	¿Qué objeciones preveo? ¿Cómo planifico superarlas?
FASE DIEZ	¿Cómo planifico obtener una decisión?

EL MÉTODO AMABLE

Fase	**Habilidades necesarias**
Exponga su visión del problema	• definición de las cuestiones a tratar • exposición (haga una prueba) • imagine las posibles reacciones
Descubra la postura del interlocutor	• escuchar • reflexionar • preguntar • resumir
Obtenga la aceptación de sus tesis	• manejo de información • uso de pruebas • estudio de la reacción
Busque soluciones	• proponga su solución • escuche sus propuestas • busque con su interlocutor una solución que satisfaga a los dos

EL MÉTODO AGRESIVO

Fase	Habilidades necesarias
Haga una propuesta	• definición de las cuestiones que tratar • seguridad en sí mismo • exposición
Obtenga una respuesta	• escuchar • preguntar • reflexionar
Resuma y verifique	• capacidad de síntesis
Afronte las objeciones	• selección del estilo adecuado en caso de que se busque el compromiso o la aceptación por parte de su interlocutor • manejo de la resistencia
Resultado	• resumir • finalizar

BIBLIOGRAFÍA

ARGYLE, M., *The Social Psychology of Everyday Life*, Londres, Routledge, 1992.

—, *Bodily Communication*, Methuen & Co. Ltd, 1981

BATESON, G., *Seteps to an Ecology of Mind*, Londres, Vallentine, 1972.

BRAYSICH, J., *Body Language*, Joseph Braysich & Associates, 1979.

BUZAN, T., *Use Your Head*, Londres, BBC Books, 1989.

—, *The Mind Map Book*, Londres, BBC Books, 1993.

CARNEGIE, D., *How to Win Friends and Influence People*, Londres, Cedar Books, 1938.

CHARVET, Sr, *Words that Change Minds,* Iowa, Kendall/Hunt Publishing, 1995.

EQUIPO DE EXPERTOS 2100, *Qué decir o escribir en cada ocasión*, Barcelona, De Vecchi, 1992.

HOPKINS, T., *How to Master the Art of Selling,* Londres, Warner Books, 1982.

KNIGHT, S., *NLP at Work*, Londres, Nicholas Brealey Publishing, 1995.

LABORDE, G., *Influencing with Integrity*, California, Syntony Publishing, 1987.

LAMBERT, T., *The Power of Influence*, Londres, Nicholas Brealey Publishing, 1995.

PADRINI, F., *El lenguaje secreto del cuerpo*, Barcelona, De Vecchi, 1995.

PEASE, A., *Talk Language,* Londres, Simon & Schuster, 1989.

—, *Body Language,* Sheldon Press, 1981.

RACKMAN, N., *Spin®. Selling,* Aldershot, Gower Publishing Limited, 1995.

RICHARDSON, J., *The Magic of Rapport*, California, Meta Publications, 1987.